工程项目及其集成化管理

薄法强 编著

北京交通大学出版社

·北京·

内 容 简 介

工程项目及其集成化管理是开展工程建设项目必须了解和掌握的专业必修知识。为帮助工程项目管理者系统了解和全面掌握这一方面的知识，本书就如何对工程项目进行集成化管理进行了阐述。全书由工程项目管理概论、工程项目的主要管理对象、集成管理理论、工程项目的集成化管理、工程项目集成化管理方法、工程项目集成管理系统和集成管理方法在工程中的实际应用七章组成。全书不仅详细阐述了工程项目及其集成管理基本理论，而且还将理论与实践结合起来，给出工程项目集成管理在工程实际中的应用案例，是我国系统介绍工程项目集成管理的专业书籍。

鉴于本书所述内容的科学性、普适性和实用性，本书的出版不仅可成为工程项目管理专业大中专院校和职业教育学校的专用教材，而且还可以成为建筑、电力、交通、通信、网络、房地产等众多工程建设企业专业技术人员的培训教材，具有极高的参考价值和极广的使用范围。

图书在版编目（CIP）数据

工程项目及其集成化管理/薄法强编著．—北京：北京交通大学出版社，2023.4
ISBN 978-7-5121-4936-6

Ⅰ.①工…　Ⅱ.①薄…　Ⅲ.①工程项目管理　Ⅳ.①F284

中国国家版本馆 CIP 数据核字（2023）第 058915 号

工程项目及其集成化管理
GONGCHENG XIANGMU JIQI JICHENGHUA GUANLI

责任编辑：谭文芳
出版发行：北京交通大学出版社　　电话：010-51686414　　http://www.bjtup.com.cn
地　　址：北京市海淀区高梁桥斜街 44 号　　邮编：100044
印 刷 者：北京虎彩文化传播有限公司
经　　销：全国新华书店
开　　本：170 mm×240 mm　　印张：6.5　　字数：125 千字
版 印 次：2023 年 4 月第 1 版　　2023 年 4 月第 1 次印刷
定　　价：49.00 元

前　言

工程项目管理作为一种先进的科学技术与有效的管理方法，已在各类工程建设领域得到了广泛的应用。但是，由于任何工程建设项目都包含工程质量、工程进度、工程费用、工程安全等主要管理对象，而这些管理对象之间又具有相互影响、相互约束的紧密关系，这意味着，对工程项目的管理将是一个综合性的集成化管理。因此，工程项目及其集成化管理就成为开展工程建设项目管理工作必须了解和掌握的专业知识。

为帮助工程项目管理者系统了解和全面掌握这一专业知识，本书就如何对工程项目进行集成化管理进行了详细的阐述。全书由工程项目管理概论、工程项目的主要管理对象、集成管理理论、工程项目的集成化管理、工程项目集成化管理方法、工程项目集成管理系统和集成管理方法在工程中的实际应用七章组成。其中，前两章主要是对工程项目管理基础知识的系统介绍，其目的是让读者了解和掌握工程项目众多管理对象的内在含义及其相互间所具有的内在关系，为今后分析工程项目的众多管理对象、构建工程项目管理对象的集成化管理模型奠定理论基础。第 3 章到第 4 章则是对集成管理理论与方法的系统介绍，其目的是让读者了解和掌握集成管理的基本理论，感知集成管理的作用和价值，并在此基础上逐步建立工程项目集成化管理思想与理念。最后三章则是把工程项目管理理论与集成管理理论结合起来，并从工程项目集成化管理的实际需求出发，就如何开展工程项目的集成化管理进行了系统的阐述。最后，以某大型工程项目的集成化管理为例，就如何构建工程项目的集成管理模式、如何开发工程项目的集成管理系统等工作进行了详细的介绍，为读者系统全面地了解和掌握这一专业知识提供了有益的指导和帮助。因此，就工程项目及其集成化管理知识讲解而言，该书将是我国系统介绍此类专业知识的第一本专业技术书籍。

同时，鉴于工程项目管理技术极强的普适性及本书所述内容的科学性和实用性，本书的出版不仅可成为工程项目管理专业大中专院校和职业教育学校的专用教材，而且还可以成为建筑、电力、交通、通信、网络、房地产等众多工程建设企业专业技术人员的培训教材，更是开展锅炉辅机设备安装、电气设备安装及其他设备安装工程培训的专业配套教材，具有极强的参考价值和极广的使用范围。因此，作者期望本书的出版不仅能为我国工程项目管理学科的发展做出一定的贡献，而且能为提高我国工程项目的现代化管理水平发挥更大的作用。

薄法强

2022年春于杭州

目　　录

第 1 章　工程项目管理概论

工程项目管理作为一种先进有效的科学技术与管理方法，已在社会各个领域得到了广泛的应用，小到个人生活，大到国家规划，可以说无处不有，无时不用。特别是随着社会的不断发展和科学技术的进步，工程项目管理正在发挥越来越大的作用。因此，工程项目管理知识就成为各行各业、各类人员必须学习和掌握的专业必修知识。

1.1　工程项目管理的内涵

工程项目是一个极具普适性的常用词语，不仅可以用在土木工程、道桥工程、航天工程、能源工程、电力工程、水利工程、农业工程、环境工程等专业工程技术领域，而且可以用于人口普查工程、爱心捐助工程、西部计划工程、全民健身工程、“双一流建设”的教育工程、精神文明建设工程等人文社科领域。现代管理学认为，工程项目是在一定时间内，为了达到预定目标而开展的一系列有组织的行为活动，不论哪种活动，一般都具有以下四个方面的共性特征：

(1) 任何工程项目都具有一定的目标，从广义上讲，这些目标既可以是有形产品，也可以是无形服务。

(2) 工程项目的实施需要组织有关人员来完成，组织规模的大小和组织方式需要根据工程项目的类别和规模来确定。

(3) 工程项目必须在规定的时间、范围和环境内完成，因此，工程项目的实施是在若干约束条件下进行的。

(4) 工程项目的实施需要使用一定的人力、物力和财力资源，因此，在某种意义上讲，工程项目是资源的组合体。

由此可知，工程项目管理含有以上的所述目标、组织、条件和资源四个基本要素，是一个为了实现工程项目目标的系统实施过程。然而，更重要的是，随着社会的不断发展和科学技术的飞速进步，工程项目管理已被注入了新的思想，扩充了新的理念。现代工程项目管理不仅包含了传统意义上的工程项目管理，而且更加注重人的因素，在考虑多方的利益并充满共赢思想的同时，要求在工程项目管理中不断优化资源配置、快速反馈信息、科学做出决策，使工程项目的运行始终处于最佳实施状态，获得最佳工程效益。由此可知，工程项目管理的内涵与外延已得到了很大程度的扩展，它不仅是一种科学的管理技术与手段，而且已成为一门专业学科的代名词。在这一学科中，它以工程项目管理对象为研究主体，基于工程实践，综合应用多种科学理论和工程技术，全面、系统地研究和探索工程项目建设中所遇到的各种理论问题和实践问题，为实现对工程项目的有效管理和控制而提出科学、实用、有效的管理技术与方法。因此，工程项目管理就是为实现工程项目的预期目标，以工程项目整体为对象，应用系统、综合、科学的管理技术与方法，按照一定的科学步骤和规律，对工程项目进行全面管理和控制的过程。

但是，按照人们的传统认知，工程项目管理更倾向于以土木工程、电力工程、道桥工程、电子通信工程等硬技术为背景的专业领域。因此，为了保持这一认知的一致性，本书所讲解的知识将以土木工程等硬技术为专业背景，对工程项目所包含的内容进行讲述。

1.2 工程项目的建设程序

按照国家的工程建设法规，工程项目的建设程序是指工程建设项目从其构思开始，经过必要的前期调研、可行性分析、初步设计和多方比较与决策，提出工程项目是否投资建设的建议并得到上级主管部门批准后，组织项目参与各方来完成工程建设内容、实现工程项目建设目标的全部过程。对于这一过程，我国政府工程建设主管部门基于大量工程实践案例，总结了新中国成立以来工程建设中的经验和教训，逐步提出了符合中国国情的工程项目建设程序。从工程实践结果来看，尽管不同的工程建设项目在其性质、规模、承包方式、管理模式等方面具有一定的差异，但工程建设的基本程序通常都含有工程项目的项目策划、建设准备、项目实施和验收使用四大方面。

1.2.1 项目策划

项目策划是指工程建设方或业主拟通过工程项目的建设来促进企业技术进步、实现企业发展战略目标的设想与计划过程。这个过程会因工程项目的复杂程度与建设规模的不同而出现不同程度的差异，一般从工程项目的构思开始到工程批准并正式立项发文为止。在此期间，主要开展的工作有确定工程建设目标、构建工程建设框架、策划工程建设方案、编写工程项目建议书、提交工程项目建议书、开展工程项目可行性研究、项目报审和计划下达等工作。

1. 确定工程建设目标

为了促进企业的发展，企业法人结合企业的发展战略及当前乃至今后一段时间欲解决的主要问题，提出通过拟建工程所要达到的主要目标和拟解决的主要问题。这一工作主要是企业的自身工作，企业具有完全的主动权。但常常出于多种因素的考虑，分析和决策过程反而相对较长。

2. 构建工程建设框架

企业在明确工程建设目标之后，需要开展市场调研，了解与拟建工程紧密相关的各种情况。在此基础上，进一步明确工程的结构组成、建设规模及投资数额，并对拟建工程预期目标所涉及的各个指标做出初步的描述和设定，同时对拟建工程的可行性进行初步评估，构建出初步的建设框架与虚拟计划。

3. 策划工程建设方案

在明确工程建设框架的基础上，根据工程建设目标，策划和编制工程的总体实施方案，如工程总体功能定位、工程主要建设指标、工程总体建设框架、工程总体规划布局、工程建设的阶段划分、工程融资方案、工程设计方式、工程建设模式、后期运营模式及相应的组织策略等。

4. 编写工程项目建议书

在构建起工程建设的初步框架之后，需要对工程建设的可行性与必要性进行论证，并编写出工程项目建议书。工程项目建议书是对工程总体目标、目前状况、相关问题、环境条件、项目定义和总体方案的进一步说明与细化，也是工程项目开展可行性研究的前提基础和必要条件，它可为后续开展拟建工程的可行性研究、工程设计和计划编制提供指导。

5. 提交工程项目建议书

编写完工程项目建议书后，企业须将该建议书提交到工程建设主管部门进行意向审批。工程建设主管部门将在综合考虑当地经济发展状况和国家相关发展政策的前提下，给出相应的指导性批示或相关意见。

6. 开展工程项目可行性研究

企业的项目建议书得到工程建设主管部门的批准后，需要组织开展更为详细的项目论证，并编写拟建工程的可行性报告。在开展可行性研究前，需要对市场需求现状和与拟建工程紧密相关的政策、法律、制度等情况进行广泛的调查与深入的研究。特别是对于大型、特大型建设工程项目来讲，为了慎重起见，有些可行性研究工作需要花费几年甚至十几年的时间进行调研工作，对拟建工程进行财务评价、国民经济评价和环境影响评价，以便对实施方案进行全面、系统的技术经济论证与评估，确保工程建设的必要性与价值性。

7. 项目报审和计划下达

在完成工程项目可行性研究的基础上，企业需将拟建工程的可行性报告提交到工程建设主管部门进行审批。工程建设主管部门将根据可行性研究结果，在综合考虑各种因素的前提下，就是否立项做出最后决策。项目一旦得到批准，即可下达立项文件。项目立项文件和经批准的可行性报告将作为工程项目的任务书，并同时作为下一步开展工程项目初步设计的依据。

1.2.2 建设准备

在拟建工程得到批准并获得立项文件后，申请工程项目建设的单位也就随即成为工程建设主管单位。为实现工程项目的建设目标，工程建设主管单位需要就如何开展工程设计、选择施工队伍、采购工程建设材料与设备、对工程项目进行管理、促使项目进行开工建设等内容组织有关人员开展工作。其中，最为主要的工作有工程设计委托、工程招投标和办理工程建设相关手续。

1. 工程设计委托

工程设计是对工程建设所需技术的文字定义和图示说明，主要通过设计文件，如图纸、大样或模型，对拟建工程的建造技术进行详细的描述。按照工程规模和复杂程度的不同，工程项目设计工作的复杂程度也有较大差异。对于一般工程项目而言，工程设计分为初步设计和施工图设计；对于技术相对比较复杂的建设项目而言，工程设计分为初步设计、技术设计和施工图设计。这些工作可由一家设计单位来完成，也可由多家设计单位来完成。设计单位一般是通过招标方式来选取和确定，确定后的设计单位负责组织和实施工程设计中的各个专业分工与相互配合，并负责工程建设过程中的现场技术指导。

2. 工程招投标

工程项目是一项复杂的系统工程，它的完成不仅需要建设单位的科学组织与管理，更需要设计单位、施工单位、监理单位、供货单位等多家企业的共同努力。但在确定由哪些设计单位、施工单位、监理单位和供货单位来参与并完成这些工作时，目前采用的主要方式是工程招投标。因此，工程招投标就成为工程项目建设前期准备工作的一项重要内容。工程招标一般首先选定的是设计单位，在设计单位完成设计任务后，依据设计文件，再选择工程施工单位、监理单位、供货单位及参与项目建设的其他单位。

3. 办理工程建设相关手续

在工程项目开工建设之前，建设单位需要根据工程项目批文到政府规划管理部门办理建设工程规划许可证，并根据规划部门提供的规划设计条件和地形电子文件，委托有资质的工程设计单位进行总平面布置和工程设计，确定水电、通信等使用计划。然后，建设单位再到政府土地管理部门办理国有土地使用证和有关批准文件，到政府规划部门认定的施工图审查机构审查设计完成的图纸文件，到政府招投标管理部门依法开展工程招投标工作。同时，落实项目建设资金，通过政府建设主管部门下达的工程年度投资计划和建设文件，到公安消防、人防、能源、市政、环保、质量监督等部门办理建设工程消防、人防、水电接入、道路使用、环评、质量监督等手续。在此基础上，根据立项批文、土地使用通知书或土地使用证、地质勘查成果报告和施工图设计审查意见书、审查报告、施工图审查合格书、建设工程规划许可证、总平面规划图、拆迁许可证或施工现场具备施工条件情况表、中标通知书或直接发包通知单、施工合同、建设单位工程技术人员花名册、监理合同、建设工程质量监督书、建设工程建设资金表、人防批准文件、消防审核意见书、环保审核意见书、防雷设施施工图审查意见书（原件）、外来施工队伍工程备案登记表、施工组织设计、定额测定费缴费凭证、建筑工程团体意外伤害保险费缴费凭证等文件和资料，依照政府主管部门规定的程序，办理工程建设许可证，为工程开工建设提供条件。

1.2.3　项目实施

在办完所有的工程开工建设手续后，工程项目开工前还需完成施工场地的平整、水电气的接通、道路的铺设、临时设施的搭建等工作。对于较为复杂的施工现场，可能还涉及其他更多的现场准备工作，如住户拆迁、农作物的赔偿、大面积的树木砍伐、坟墓的迁移、地下管道的改线等。这些工程完成后，建设单位即可组织施工单位、监理单位、材料供货单位等按照工程设计文件和已签订的合同开展相应的工作。

在施工过程中，根据施工情况，建设单位可能还需办理噪声控制、污水排放、临时占道等手续；在完成工程现场放线定位后，还需请建设规划主管部门进行规划验线；在完成工程重大主体结构后，还需请工程质量主管部门进行工程质量的中间验收等工作，直至工程项目全部完工。

1.2.4　验收使用

在工程完工后，需要开展的工作主要有工程验收、试运行和工程移交等内容。在工程验收中，不仅含有以工程建设单位为主的工程整体验收，而且还含有政府主管部门组织的质检综合评定、消防验收、环保验收、人防验收、建筑规划验收等。特别是由政府主管部门组织的工程竣工验收，需要工程建设和施工等单位将工程竣工图纸、工程施工许可证、工程质量监督报告、工程勘察成果及施工图设计文件的审查批准书、工程使用功能试验资料、结构工程验收记录及检测报告、规划部门出具的认可文件或准许使用文件、消防部门出具的认可文件或准许使用文件、环保部门出具的认可文件或准许使用文件、人防部门出具的认可文件或准许使用文件、防雷设施验收报告、工程款支付情况表、设计变更通知书、施工重大质量事故处理记录、混凝土和砂浆抗压强度报告、原材料合格证及检验报告、隐蔽工程验收记录、沉降观测记录、勘察设计单位工程竣工质量检查报告、监理单位质量评估报告、施工单位工程竣工验收报告等资料准备齐全后，方可申报工程验收。

对于工程竣工后的消防验收、环境保护验收、工程规划验收等，可依据公安消防部门、环保主管部门、工程规划主管部门的规定流程和要求，准备好相关工程建设文件和资料后提交验收申请。在验收过程中，对于含有大型设备的工程建设项目，还要组织系统总体试运行；待试运行合格达标后，移交使用单位进行使用。

从工程建设程序所包含的所有内容可以看出，建设项目是一个系统的复杂工程，在其实施过程中，不仅参与单位多、涉及范围广、涵盖内容多，而且相互之间具有一定的先后顺序关系。若要确保工程项目的顺利实施，不仅需要建设单位做好自身的工作，而且需要政府主管部门、市政部门、设计部门、监理部门、材料供应部门、安全监管部门等的大力支持与配合。因此，在整个工程建设过程中，工程建设活动必须严格执行工程建设程序，避免给工程项目带来不必要的损失。

1.3 工程项目管理的主要内容

从工程项目管理的定义可以得知，目标、组织、条件、资源是工程项目管理的四个基本要素。在工程项目管理中，这四个要素具有丰富的内涵，工程项目的所有管理对象都是由此而衍生的。

1. 目标

在工程项目管理中，目标是工程项目期望达到的目的或所获得的成果。从目标方面来看，工程项目的目标决定了工程项目管理者必须开展哪些工作、实施哪些项目和完成哪些任务，因而这就给工程项目划定了一个管理和实施的范围，其他与此无关的任务或工作则不被包含在这一工程项目中。

2. 组织

组织是工程项目实施中涉及的上级决策者、领导指挥者、具体管理者、现场实施者、相关协助者等组成的群体。从组织方面来看，为了完成工程项目中的各种任务，项目管理者必然要组织有关单位、部门及人员进行有组织、有计划的工作。而开展这些工作之前，管理者必须先制订若干工作计划，采用一定的模式或程序，做出若干组织决策，编制有关制度规定。同时，为了促使各部门及人员在工程项目的实施中相互配合，高效率地完成工程项目中所包含的各项工作和任务，还必须对项目参与各方进行必要的组织与协调，及时解决工作中存在的各种问题。对于特别重要的事件，为了明确各自的职责，还需要通过合同这一法律手段给相关者必要的约束，使其按照预先约定，保质保量地按期完成任务。这样，组织模式、合同约束、人员或部门协调、前期计划和决策、各种方法的综合应用就成为工程项目管理中不可或缺的主要内容。

3. 条件

在实施工程项目的过程中，已完成的任何的工程项目内容都必须满足规定的要求或达到规定的标准。因此，从条件方面来看，工程项目就必须在规定的时间内，利用预先给定的资源，在预定的地点和环境，并在保证符合预定质量要求的前提下完成工程项目预定的任务。而这些要求和规定就给工程项目设定了完成的时间、地点、费用、质量等约束条件。但是，在实施中一旦预设的条件发生变化，就有可能给项目预期目标的实现带来不利影响，甚至可能导致项目的失败，这就意味着工程项目的实施中必将包含着各种风险。

4. 资源

很显然，工程项目的建设必然离不开所需的材料、设备、工具、资金、能源、人员、技术、方法等资源。因此，从资源方面来看，工程项目管理者为了完成预定的任务，实现项目的预定目标，就必须利用有效的方法和技术手段来管理及控制工程项目。因此，项目中可利用的技术、材料、工具、设备、方法、信息等资源及如何得到这些资源（物资采购、人员组织等）也就成为工程项目管理中必然包含的管理内容。

由此可知，工程项目是一个由目标、组织、条件和资源组成的集成体，由此而确定的与工程项目紧密相关的工作范围、项目组织、建设时限、所需资源、规定的质量、可能存在的风险、相互约束的合同等内容就成为工程项目管理中的主要对象；而在预定的时间内，在不超过预定费用的前提下保质保量地完成任务就成为工程项目管理的核心，时间、质量、成本也就成为工程项目管理的三大主要目标。

1.4　工程项目管理的知识体系

工程项目管理知识体系的概念是由美国的项目管理协会（Project Management Institute，PMI）协会提出的。为了明确项目管理的范围，PMI 将工程项目管理的知识和内容结构化，构建起所谓的项目管理知识体系。但随着工程项目管理应用范围的不断扩展，特别是系统论、控制论、信息论和计算机技术等知识的融入，其外延不断扩大。因此，不同国家结合自身的特点，提出了不同的工程项目管理知识体系。从目前情况来看，具有代表性的项目管理知识体系主要有四大类，即由美国、英国、中国和国际项目管理协会（International Project Managemont Association，IPMA）提出的项目管理知识体系。

1. 美国的项目管理知识体系

19 世纪初，在 PMI 率先提出项目管理知识体系后，该协会按照项目的生命周期理论将工程项目管理分为启动、计划、执行、控制和结束 5 个过程，并由此确定了工程项目管理体系的内容。后来经过若干次修改，将工程项目管理知识划分为 9 大领域，即范围管理、质量管理、时间管理、费用管理、采购管理、人力资源管理、沟通管理、风险管理和综合管理。各类管理的内涵如表 1-1 所示。

表 1-1 美国的项目管理知识体系领域划分

管理领域	管理内涵
范围管理	范围管理是分析和确定为达到项目目标所必须完成哪些具体工作的管理过程，该过程包含的工作主要有范围规划、范围界定、范围确定、范围核实和工作结构分解
质量管理	质量管理是为确保项目达到预定的质量要求所进行的管理，主要包括质量规划、质量保证和质量控制
时间管理	时间管理是为确保项目按时完成预定任务所进行的管理，主要包括活动排序、活动持续时间估算、制定进度表、进度控制与调整
费用管理	费用管理是为确保项目按计划费用完成预定任务所进行的管理，主要包括费用估算、费用预算和费用控制
采购管理	采购管理是采办或取得产品、服务或成果的管理过程，包括采购规划、发包规划、物资询价、招标投标、合同管理和合同收尾
人力资源管理	人力资源管理是对项目团队的组织与管理，包括人力资源规划，以及项目团队组建、团队建设和团队管理
沟通管理	沟通管理是为实现项目的有效管理而开展的多方交流与协作，包括相互沟通、信息反馈、冲突处理和关系协调等
风险管理	风险管理是对项目潜在危机进行的管理，包括风险识别、风险分析、风险应对和风险监控
综合管理	综合管理是将项目管理的各个不同要素进行整合，包括制定项目章程、项目初步范围说明书和项目管理计划，以及指导与管理项目执行、监控项目工作、整体变更控制和项目收尾

2. 英国的项目管理知识体系

英国的项目管理知识体系是由英国的项目管理协会（The Association for

Project Management, APM）提出的知识体系。这个协会在明确了项目管理的知识范畴的基础上，将项目管理知识划分为概述、战略、控制、技术、商务、组织和人员 7 大领域，这 7 大领域又含 37 个模块，整个体系又分成机会识别、设计与开发、项目实施、项目交付和项目后评价这 5 个系统。与其他国家的工程项目管理知识体系相比，英国的项目管理知识体系包含的内容较为宽泛，内容重叠性较为明显，被其他国家采用和认可度相对较低。因此，在工程项目管理领域，该知识体系多作为本国知识体系的参考知识。

3. 国际项目管理协会提出的项目管理知识体系

国际项目管理协会总部设在欧洲，其组织成员主要来自欧盟成员国。考虑到各国的文化差异，国际项目管理协会将项目管理分为技术、行为和环境 3 大知识领域 46 个模块，供欧洲各国根据其文化背景和管理需求进行选择和组合。这 46 个模块除包含英国项目管理知识体系的 37 个模块外，还包括了系统方法与综合、项目成功与失败标准、项目技术状态与变化、项目文档与报告、业务流程、安全健康与环境、法律法规、财务会计、社会发展等模块。由此可以看出，国际项目管理协会所提出的并非严格意义上的知识管理体系，它所反映的内容更多的是阐述从事工程项目管理专业的人员所应具备的能力和对从事工程项目管理专业相关人员的基本要求，更多地表述了从事工程项目管理专业的国际认证基准。因此，很多教育机构并没有以国际项目管理协会所提出的知识体系为基准，而是将这些知识融于各自的工程项目知识结构中。

4. 中国的项目管理知识体系

中国的项目管理知识体系（Chinese-project management body of knowledge, C-PMBOK）是由中国（双法）项目管理研究委员会（Project Management Research Committee China, PMRC）发起并组织实施的，于 2001 年正式推出，并用于各种项目管理培训和国际项目管理资质认证（international project management professional, IPMP）。

与其他国家的工程项目管理知识体系相比，中国的工程项目管理知识体系主要是以工程项目周期为主线展开的，它从工程项目及项目管理的概念入手，按照工程项目实施的四个阶段，即概念阶段、开发阶段、实施阶段和结束阶段，分别阐述了每一阶段的主要工作及其相应的知识内容，同时考虑到工程项目管理过程中所需要的共性知识及其所涉及的方法与工具，将项目管理分为范围管理、时间管理、费用管理、质量管理、人力资源管理、信息管理、风险管理、采购管理和综合管理 9 大知识领域，从整体上，与美国的项目管理知识体系有很多的共性，其体系框架和模块化结构如表 1-2 所示，中国项目管理知识体系（C-PMBOK 2006）框架目录详见附录 A。

表 1–2 中国项目管理知识体系框架和模块化结构

体系框架	内含模块
项目管理基础	概念阶段、开发阶段、实施阶段、结束阶段
周期阶段知识	范围管理、时间管理、费用管理、质量管理、人力资源管理、信息管理、风险管理、采购管理、综合管理
管理方法工具	项目化管理理念、项目化管理方法、项目化管理组织、项目化管理机制、项目化管理流程

与其他国家的项目管理知识体系相比较，中国的工程项目管理知识体系具有以下特点。

第一，中国的工程项目管理知识体系以构建的工程项目管理学科体系框架为导向，明确了工程项目管理学科的定位，界定了工程项目管理学科的知识范畴，构建了工程项目管理学科的知识体系框架，是国际工程项目管理界以构建工程项目管理学科体系框架为直接驱动目标的较为系统完整的工程项目管理知识体系。

第二，中国的工程项目管理知识体系采用了“模块化结构”，便于知识的按需组合和更新，这种方式也为多线索组织工程项目管理知识体系框架提供了可能性。

第三，中国的工程项目管理知识体系拓展了工程项目管理的外延。随着商业环境的变化和工程项目管理的发展，工程项目管理越来越多地为类似企业的长期性组织中各种各样的任务管理所采用，项目化管理的外延不断扩大，从面向一次性任务的管理上升为一种面向对象的变化管理方法论。

第四，项目化管理作为变化环境中长期性组织的一种有效管理方式，已得到人们的普遍认同。中国的工程项目管理知识体系从管理方法论的高度，提出了工程项目化管理的体系框架与主要内容。

第五，工程项目的生命周期反映了工程项目自始至终逐步实现工程项目目标的过程，以工程项目生命周期为主线组织项目管理的相关知识有利于指导工程项目管理实践活动。因此，中国的工程项目管理知识体系就是以工程项目生命周期为主线的项目管理知识模块体系，充分体现了工程项目管理作为实际应用性学科的特点。

第六，中国编写工程项目管理知识体系的主要目的是形成中国工程项目管理学科的基础性文件，在构建工程项目管理学科体系框架的同时，兼顾了作为国际项目管理协会国际项目管理资质认证知识考核依据和标准的需要。因此，中国的工程项目管理知识体系加强了项目概念阶段的内容，适应了管理重心前移的发展要求。更重要的是，以此为基础，工程项目管理结合工程项目的管理需求，按照工程项目建设程序的四个阶段，将工程管理引入进来，构建了具有工程特色的工程项目管理知识体系。这一体系又包含有工程项目的范围管理、组织管理、计划管理、质量管理、进度管理、费用管理、安全管理、风险管理、资源管理、信息管理、招投标管理、合同管理和综合管理 13 个模块，成为目前世界上体系最完整、内容最全面的工程项目管理知识体系，并被世界上众多国家所采用或借鉴。

1.5　工程项目的阶段划分

从工程项目的建设程序及工程项目管理内容所述可知，不论哪类工程项目，在其建设过程中都需要管理众多的对象和内容。在工程项目实际管理过程中，为了实现对工程项目的有效管理与控制，就从管理的角度出发，结合工程项目的建设流程，将工程项目划分为四个阶段，即决策阶段、准备阶段、施工阶段和竣工阶段，并将所有工程管理内容归置到项目的不同阶段，以便采用不同方法进行有效的管理与控制。

1. 决策阶段

决策阶段又称为工程项目的前期策划阶段。这个阶段一般是从项目构思开始，到项目被批准立项结束。该阶段的主要工作就是通过投资机会的选择和项目的可行性研究，对拟建工程投资的必要性、价值性进行科学论证，为拟建工程的投资立项提供科学可靠的依据。

2. 准备阶段

准备阶段是工程项目进入实质性工作的阶段。这一阶段的主要工作是为工程项目的实施而做的前期各项准备，主要开展的工作是项目组织机构的建立、工程项目的设计、方案的编制、招标与投标、与各承包单位签订合同、项目资金的预先拨付及工程建设相关手续的办理等。这一阶段也称为项目的设计和计划阶段。

3. 施工阶段

施工阶段是工程项目管理中最主要的阶段。该阶段的主要任务就是在项目组织的领导下，利用各种项目资源，完成项目所制订的计划，实现项目的预定目标，将设计蓝图变成工程实体。由于该阶段是工程项目整个实施过程中工作量最大，投入的人力、物力和财力最多的阶段，因而也就成为工程项目管理和控制的最为主要阶段。

4. 竣工阶段

在完成工程项目的所有建设任务之后，工程项目还需要组织验收和试运行，进行移交和工程费用结算。这些任务都将在项目的竣工阶段来完成。因此，有些管理者将该阶段称为结束阶段。

在其他一些相关专业书籍中，工程项目的这四个阶段也被称为工程项目的生命期。但从严格意义上来讲，工程项目的竣工仅仅是其生命的诞生，生命期还应包括工程项目的后期使用，直至该工程报废。但在工程项目管理中，若将工程项目的后期使用直至该工程报废过程的所有工作都包含进来，就与工程建设的原本含义出现很大偏差，也不是任何一个单位所能承受的长期负重。因此，工程项目的生命期一般通指工程项目的决策阶段、准备阶段、施工阶段和竣工阶段这四个阶段。

1.6 工程项目管理的特点

工程项目管理是一项为实现工程项目预定目标而开展的有计划、有组织的系列管理活动。在这个活动过程中，它将运用各种相关知识、技能、方法、工具和手段等资源，对工程项目中的各个管理对象实施必要的监管和控制，并就工程建设过程中可能出现的各种问题予以相应的分析和处理，确保工程项目的顺利实施，完成预期的任务，达到预期的目的。从其建设流程和管理的目的可以看出，工程项目具有以下几方面的显著特点。

1. 目标的明确性

任何工程项目都具有明确的目标，这一目标将通过工程项目的最终成果来表示，并通过对工程项目中的质量、进度、费用、安全等多个管理对象的具体要求来明确。工程项目的参与各方都必须在满足这些要求的前提下开展各项工作，通过各个管理对象各自目标的实现来最终实现项目的总体目标。

2. 项目的计划性

在工程项目实施前，为了确保工程项目的顺利实施，都要在明确工程建设目标之后，结合工程项目的管理需求和实际情况，编制出相应的实施计划。在工程项目的实施过程中，这些计划还将随着项目的变化而调整。

3. 建设的程序性

工程项目的实施都要经过从抽象到具体、从计划到实施、从投入到产出的整个过程，并且在此过程中必须严格按照相关的规定和客观规律来实施。

4. 实施的组织性

在对工程项目进行管理前，需要建立一个特定的管理组织或管理机构，这个组织或机构内的各个部门要有明确的分工和职责，各部门之间要相互配合、相互信任、相互协调，为实现项目目标共同工作。

5. 责任的具体性

在工程项目的实施过程中，项目参与各方都有自己具体的任务和职责，这些职责和任务一般通过项目合同来确定，通过相应的规定来约束。为了完成各自的任务，项目管理机构要制定相应的制度和规定，赋予完成各任务的人员相应的权利，使工程项目的各项工作及相关责任落实到位。

6. 工作的相关性

在工程项目的建设过程中，对工程项目的管理是一个全过程的系统性管理，包括项目的前期策划、工程立项、工程设计、项目实施、资源供应、质量检测、进度控制、费用计算、冲突处理、安全监管、风险预测等各个方面。工程管理的内容不仅多种多样，而且各内容之间还紧密相关，前一个阶段的工作是后一个阶段工作的基础，后一个阶段的工作是前一个阶段工作的延续。如果在工作的相关环节中出现问题，那就有可能给与之相关的其他工程任务带来不同程度的影响，致使工程项目实施中出现冲突、矛盾及其他问题。如果出现的问题得不到及时的解决和处理，就会给工程质量、进度、费用、安全等工作带来不利影响，甚至还有可能导致工程项目的失败。因此，工程项目的中各项工作具有显著的相关性。

7. 管理的动态性

在工程项目管理的过程中，鉴于环境、气候、政策、资源、地理、地质等条件的变化，可能出现与原定计划不符的情况和问题。为了对工程项目进行有效的管理，达到预定的目标，就需要经常了解和掌握工程项目的实际状态，将工程项目的实际状态与原定计划相比较，及时进行相应的调整和纠偏、控制和指导，对项目资源实施协调与优化，使工程项目按照预定的方向发展和前进。

8. 内外的干扰性

在工程项目的建设过程中，有可能受到来自项目内外各种因素的随机性影响，这就要求工程项目管理者和决策者必须采取有效的管理方法和监控手段来消除这些干扰，确保工程项目的顺利实施，并实现其预定目标。

9. 实施的风险性

在工程项目的实施过程中存在来自系统内外多种因素的干扰和影响，这些干扰和影响就可能使工程项目不能按照预定的计划组织和实施，出现与预期计划和预定目标不同程度的偏差。如果这些偏差不能及时消除，那就有可能给工程项目带来不利影响或不良后果。因此，任何工程项目都含有不同程度的风险。

10. 资源的有限性

工程项目的实施需要使用一定的资源，如人力、信息、方法、设备设施、水电能源等，但这些资源的使用需要相应的成本。为了确保工程项目在预定的费用内完成，项目管理者通常会对工程项目中的很多资源进行严格的限定。

11. 方法的针对性

为了完成工程项目预定的任务，项目管理者必须预先考虑到工程项目实施过程中可能出现的各种问题，预测可能出现的风险，提前编制相应的计划，制定相应的对策，做出相应的安排。如果在项目实施中出现的问题与预想的计划、对策和措施存在很大偏差，就必须结合当时的实际情况，通过深入的分析和研究，提出具有针对性的方法和措施，及时有效地处理有关问题，确保工程项目保质保量地按时完成预定任务。

12. 工作的系统性

工程项目管理是一项系统性的行为过程，在其全过程中都贯穿着系统工程的思想，并依据系统论的思想和原理，将整个工程项目的管理系统分解为多个责任单元，由各单元的责任者分别按预定的工作要求完成预定的目标，然后汇总和综合成最终的成果，实现最终的目标。因此，工程项目中的各项工作具有显著的系统性特征。

13. 过程的综合性

工程项目的实施过程也是一个多种管理对象和管理方法综合实施的过程。这个综合性不仅体现在项目的各项内容都具有一定的相互关系，而且需要考虑对方给自己带来的约束和自己给对方带来的影响。例如，工程设计时不仅要满足投资者的要求，还要考虑到项目实施的便利性；项目的实施不仅要考虑到进度要求，还要确保施工中的安全需求；项目资源的供应不仅要按时供应到位，而且要保质保量；等等。因此，工程项目的管理过程是一个综合性的系统管理过程。

14. 项目的一次性

每一个工程项目都具有特定的任务和目标，而且这一项目是在特定的时间、地点和环境等条件约束下完成的。一旦完成工程项目的所有任务，实现其预期目标，工程项目就结束了。即使重复建设同样类型的工程，也会因时间、地点、环境等条件的不同而不同。因此，工程项目具有显著的一次性。

15. 组织的临时性

由于工程项目的一次性，为工程项目而专门设立的管理组织也具有了临时性。一旦工程项目结束，其组织的使命就完成了。但是，这个临时性也使项目组织具有了灵活性，可以根据工程项目的管理需求建立相应的管理组织，而不必墨守成规。组织可根据实际管理需求选择最佳的资源、人员及机构组合，为项目的高效完成提供有效的组织保障。

1.7 工程项目管理的发展历史

工程项目管理的理念始于项目管理。在 20 世纪四五十年代，美国启动了研制原子弹的曼哈顿计划。为了实现这一计划，其采用了基于系统工程的管理方法。在曼哈顿计划成功之后，这一方法在美国的国防和航天等少数领域继续应用，并取得了明显的成效。基于这些管理成果，一些学者提出了项目管理这一科学管理理念与基本方法。但从初始的应用情况来看，此时的项目管理主要致力于项目的预算、规划和为达到项目目标而借用一般管理技术对项目进行的管理。当时的项目经理也仅仅被看作一个项目的具体执行者，他们只是被动地接受一项给定的任务或工作，并根据指令去完成自己负责的项目。因此，初始的项目管理所包含的内容、技术与方法远达不到现代工程项目管理所涉及的深度。

在项目管理理念的引导下，为了对项目进行更加有效的管理，美国军界和各大企业的管理人员纷纷为管理各类项目寻求更加有效的项目计划管控技术。在众多的技术中，最为重要的就是工作分解结构（work breakdown structure，WBS）技术。该技术始创于 1956 年，在杜邦公司的一个大型化工工程项目管理中发挥了极大的作用，节约了 10%左右的投资，取得了显著的经济效益，并使工程项目管理者顺利解决了项目研发中的组织管理和协调问题，极大地缩短了工程建设周期，因此，工程项目管理这一理念便更加引起了管理者的高度重视。

在此期间，对工程项目管理的发展做出贡献的另外一项突出成果就是网络计划技术。它是由美国海军在研究和开发北极星潜水艇所用导弹项目中提出来的。在该项目的管理中，采用网络计划技术后，不仅克服了传统甘特图的若干缺陷，有效反映了项目进展中各工作间的逻辑关系，而且能够有效描述出项目中所含各子项目的接口界面和主次关系，使原先估计的研制时间缩短了两年，缩短工期近 25%，为管理人员对工程项目实行有效的管理带来了极大的方便，也极大地推进了工程项目管理水平的提高。因此，美国海军和航空航天局在各自的管辖范围内全面推广了这一技术。此后，美国国防部发文规定，凡承包有关工程的单位都必须采用这种技术来安排项目计划。1959 年，该技术由凯利和沃克公之于世后，得到了极大的推广和应用，甚至在一些大型工程项目中，政府也明确规定所有承包商若要赢得政府的工程项目，就必须提交一份详尽的网络计划，以保证工程项目的进度和质量。因此，这一技术很快就在世界范围内得到了重视，不仅将网络计划技术推广和应用到建筑工程领域，而且成为工程管理项目中的一种先进管理手段。

20 世纪 60 年代起，国际上很多学者也对工程项目管理产生了浓厚的兴趣，随后建立了两大国际性的项目管理协会，即以欧洲国家为主的国际工程项目管理协会和以美洲国家为首的 PMI，并为推动工程项目管理的发展发挥了积极的作用，做出了卓越的贡献。但在这一阶段，发达国家的国防部门对工程项目技术管理的研究占据了主导地位，其创造的许多项目管理技术与方法一直沿用至今，如计划评审技术（program evaluation and review technique，PERT）、成本/进度控制系统准则（cost/schedule control systems criteria，C/SCSC）等。

进入20世纪80年代后，工程项目管理进入了现代化的项目管理阶段。随着科学技术的不断发展与进步，工程项目的活动日益扩大，建设规模和复杂程度也更为明显，全球性竞争日趋激烈，项目相关利益者之间的冲突也不断增加，降低工程项目成本、提高工程效益的压力和要求也不断提高。为此，工程项目的建设者和工程项目的管理者被迫投入大量的人力、物力及财力去研究和探索工程项目管理的基本原理，开发和创建能够满足工程项目管理需求的具体方法与实用技术。因此可以说，工程项目管理的理论是在管理项目的工作实践基础上发展而来的。特别是进入20世纪90年代以后，系统工程、信息工程、网络工程、软件工程及若干高新技术的出现给传统的工程项目管理注入了新的活力，使工程项目管理在这一时期获得了快速的发展和长足的进步。工程项目管理技术所具有的优势不仅在建筑、航天、国防等传统领域得到了进一步的发展，而且在电子通信、石油化工、机械制造、电力能源、软件开发、科研教育、社会活动等其他领域也得到了极大的推广和应用，并形成了具有工程特色的工程项目管理学科。

1.8 工程项目管理的发展方向

经过几十年的发展，工程项目管理不仅成为一种有效的管理方法，而且已成为教育领域的一门管理学科。从几十年的发展情况来看，工程项目管理今后的发展方向主要集中在两个方面：一是工程项目管理的职业化发展；二是工程项目管理的学术性发展。

1. 工程项目管理的职业化发展

为了满足工程项目管理的现实需求，促进工程项目管理水平的普遍提高，目前已形成了一系列专门从事工程项目管理的职业，如工程项目经理、造价工程师、监理工程师、建造师等，并成立了与之相配套的工程项目管理职业资格认证体系，如PMI和国际项目管理协会主办的项目管理专业人员职业资格认证；美国造价工程师协会（Association of American Cost Engineers，AACE）主办的造价工程师资格认证；英国皇家特许测量师学会（Royal Institute of Chartered Surveyor，RICS）主持的工料测量师、营造师资格认证等，这些工作都不同程度地推动了工程项目管理的职业化发展。

同时，为了鼓励工程项目管理人员的持续发展，使其不断接受专业知识再教育，这些工程项目管理职业资格认证体系还设立了不同的等级，使具有不同管理水平的工程项目管理人员具有不同的层级和职业资格。例如，国际项目管理协会主办的工程项目管理专业人员职业资格认证就分为A、B、C、D四个级别。其中，A 级是工程主任级证书，B 级为工程项目经理级证书，C 级为项目管理工程师级证书，D 级为工程项目管理技术员级证书。获得不同证书者可分别负责大型工程项目或国际项目、一般项目、一般项目的主要工作和一般管理工作。从实际情况来看，虽然这些工程项目管理人员资格认证的内容各有不同，但都为推进工程项目管理的职业化发展做出了很大贡献。现在，工程项目经理已不再被认为是项目的执行者，他们也拥有更大的权利与责任。在工程项目的建设中，工程项目经理不仅要负责组织项目的实施，而且要参与工程项目若干问题的决策，有时还要与工程项目业主或客户一起协同工作，全面开展工程项目管理，并对工程项目的实施结果负责。因此，现在的工程项目经理已经成为真正的工程项目负责人，并且是一个具有专业技术能力的热门职业。

2. 工程项目管理的学术性发展

目前，工程项目管理的学术性发展主要体现在工程项目管理专业教育体系的建立和工程项目管理理论与方法的研究两大方面。首先，在工程项目管理专业教育体系的建立方面，国内外许多大学早已建立了工程项目管理或工程管理专业的本科生和研究生教育体系。我国在工程项目管理教育方面，不仅设立有工程项目管理的学士学位，而且还设立了工程项目管理的硕士学位与博士学位。同时，为了给更多从事工程项目管理的人员创造进一步学习和深造的机会，还设立了工程硕士和工程博士学位。因此，在工程项目管理的教育方面，我国已具有了系统完整的工程项目管理教育体系。

与此同时，在工程项目管理理论与方法的研究方面，许多大学、专业协会和一些大型工程建设企业已先后建立了以工程项目管理为研究主题的研究机构，开展了大量的工程项目管理理论探索与实证研究，并取得了丰硕的成果，构建了包含工程范围管理、时间管理、成本管理、质量管理、人力资源管理、沟通管理、采购管理、风险管理和集成管理等方面的系统完整的工程项目管理知识体系，使工程项目管理无论在理论研究方面还是在实际应用方面都得到了快速的发展和显著的进步，为工程项目管理水平的提高做出了巨大的贡献。

第 2 章　工程项目的主要管理对象

在工程项目的不同阶段，工程项目管理者需要管理不同的实施对象。显然，若要实现对不同阶段、不同管理对象的有效监管，就需要了解和掌握这些管理对象的内涵、特点、方法、模式等有关内容。从工程项目管理内容所述知识可知，尽管工程项目有众多的管理对象，但主要的管理对象有工程项目计划管理、组织管理、质量管理、进度管理、费用管理、安全管理、资源管理、信息管理、合同管理和其他综合管理这十大管理模块。

2.1　工程项目的计划管理

工程项目有多种多样的计划，按照不同的类别进行划分有不同的结果。例如，按时间划分，工程项目有前期计划、中期计划和长远计划；从工程项目的阶段划分，有项目决策阶段的前期策划、准备阶段的建设计划、施工阶段的实施计划和竣工阶段的收尾工作计划。但对于工程项目管理而言，一般主要是从工程项目管理需求的角度来划分，即为了实现对工程项目的有效管理与控制，针对工程项目中的主要管理对象及管理需求而预先编制的计划，这些计划主要有工程项目前期工作计划、工程项目融资计划、工程项目投资计划、工程项目建设大纲、工程项目施工计划、工程项目质量计划、工程项目进度计划、工程项目费用计划和工程项目物资供应计划。

1. 工程项目前期工作计划

工程项目前期工作计划是工程项目建设单位在工程项目决策阶段，为了实现长远发展战略目标，结合市场或企业发展需求，编写的有关工作计划。这一计划的内容主要包含工作名称、工作目的、工作完成时间、工作流程、工程成果形式及工作负责部门和负责人。计划中的主要工作包含编写项目建议书、开展工程项目可行性研究并编写可行性研究报告、开展工程初步设计、项目报审等内容。

2. 工程项目融资计划

工程项目融资计划是横跨工程项目多个阶段的工作计划，编写计划的目的就是要提出具体可行的工程费用获取渠道并最终获得工程建设所需资金。计划书的内容包含工程项目简介、工程建设单位简介、工程建设单位信誉与资质介绍、工程项目建设产品的后期效益、项目所需资金及到位时间、资金融资方法与途径、具体的实施步骤、融资风险分析等内容。

3. 工程项目投资计划

工程项目投资计划是根据工程项目建设年度和费用需求而编制的工程费用投放计划，主要的内容包含工程建设年度进度安排、工程建设总投资额、年度投资额、投入费用的用途及其相应额度、流动资金量、贷款利息等。在编制工程投资计划前，要明确编制计划的依据，然后根据工程建设计划确定的工程建设总工期和相应的建设内容，确定年度资金的投入计划额度及资金的分配方式。在编写年度资金计划时，可以采用企业原有规定的表格，也可根据工程管理需求编制新的表格，对表格中的有关内容应附以必要的解释和说明。

4. 工程项目建设大纲

工程项目建设大纲是以国家相关法律法规、行业标准和有关规程及企业有关管理制度为依据，借鉴已完同类工程的成功经验和管理模式，结合该工程实际情况而制定的工程项目指导性文件，它的内容主要包含工程项目概况、工程项目的建设目标、工程项目总体管理原则、工程项目的管理体制和运行机制和对工程项目各个管理对象的具体建设要求。此外，一些工程为了争当优质工程、品牌工程、标杆工程，除在工程项目建设大纲中明确上述工作内容和要求外，还要编写工程项目创优管理办法、品牌工程创建计划等内容，为工程项目各参建单位编写更详细的实施计划提供指导。

5. 工程项目施工计划

工程项目施工计划有时也称为工程项目施工方案，是用来指导工程项目施工的技术、经济和管理的文件，其包含的内容有编制说明、编制依据、工程概况、施工准备、施工方法、施工程序、施工工艺、保证工程施工进度、质量、安全、环境、冬雨期及产品防护的技术措施和技术要求，以及工程用料、施工机具、计量器具和劳动力需用量计划及有关管理规定。在编写编制说明时，要写明工程项目施工计划的编制目的、编制方法、考虑的因素等内容。编制说明应简明扼要、阐述清晰。编制依据主要是工程设计施工图、所采用的规程规范、标准及国家和行业有关规定，以及工程合同和上级主管部门对工程的特殊要求等内容。

6. 工程项目质量计划

工程项目质量计划是用于指导工程项目管理者开展工程质量管理实践活动的指导性文件，编写的内容主要包括工程质量管理目标、管理内容、管理方法、管理程序、质量标准与检测方法、检测仪器和设备、对工程质量的特殊要求及对其他相关资源的要求。

7. 工程项目进度计划

工程项目进度计划是用于指导工程项目管理者开展工程进度管理和控制活动的指导性文件。在工程项目进度计划的编制中，为了满足不同层级的进度管理需求，将进度计划分为工程项目总进度计划、单位工程年度进度计划、分部工程进度计划和分项工程进度计划。其中，工程项目总进度计划是从开始设计到竣工投产的全过程统一时间部署，其主要目的就是明确各个时段必须完成的工程项目任务，确保工程项目能够按照预定的时间实现预定目标。单位工程年度进度计划是依据工程项目总进度计划文件编制的工程项目在某年的进度计划。分部工程进度计划和分项工程进度计划是比年度计划更为详细的计划，计划中的具体内容必须详细准确，确保所需项目资源的准确到位并具有可执行性。

8. 工程项目费用计划

工程项目费用计划是用于指导工程项目管理者开展工程费用管理和控制活动的指导性文件。根据项目资金供应计划，工程项目的费用计划可分为年度费用计划、季度费用计划和月度费用计划。年度费用计划主要用于工程建设单位对工程项目费用的宏观管控；季度费用计划主要用于工程建设单位对工程项目费用的中观管控；月度费用计划主要用于工程建设单位对工程项目费用的微观管控和支付管控。

9. 工程项目物资供应计划

工程项目物资供应计划是用于指导工程项目管理者开展工程资源管理和保障工作的指导性文件，编制的对象主要是针对工程项目施工所需的建筑材料、机械设备等实体物资。编制工程项目物资供应计划时，工程项目管理者以工程项目施工计划、施工方案及工程进度计划为主要依据，根据工程项目的建设需求，就工程项目在不同施工时间所需的建筑材料和机械设备品种、数量、规格、供应时间和地点等做出详细的计划和安排。

2.2 工程项目的组织管理

任何工程项目都需要一个有效的组织来实施，这个组织以实现工程项目目标为前提，通过构建与之相匹配的管理体制和运行机制，来实现对工程项目的有效管理与控制。因此，在工程项目管理中，组织管理包含的主要工作内容有项目组织形式的选取、项目组织的设计与构建和项目组织管理模式的确定。

1. 项目组织形式的选取

在工程项目中，项目组织是为了完成某项特定的工程任务而由不同部门、不同专业的人员组成的临时性工作机构，它通过计划、组织、指导、控制等过程，对工程项目进行管理。目前，最为典型的项目组织形式有职能型、项目型和矩阵型三种形式。

职能型项目组织是按照职能原则建立的项目管理组织，也是一种集权式的组织管理结构形式。其特点是组织中各种部门设置之后，部门成员和领导职务按职能系统排列，每个部门中的每位工作人员都有对应的上级，各级领导只对其所属下级拥有直接管理权和指挥权，部门成员也向自己的所属上级负责和汇报工作。

项目型项目组织是指将工程项目的组织形式独立于建设单位或施工单位职能部门之外，根据工程所需，独立设立承担工程项目工作的一种组织管理形式。该组织形式结合工程项目的特点，专门组建工程管理所需的各个部门，抽调专人来负责工程项目的具体工作，项目的行政事务、财务、人事等在公司规定的权限范围内开展工作。该组织对工程项目的管理具有相对独立的自主权，工程项目的具体工作由项目经理负责。

矩阵型项目组织是由纵横两套管理系统组成：一套是纵向的职能系统，另一套是横向的工程项目管理系统。这种形式在纵向职能管理基础上，强调项目导向的横向协调作用，吸收了职能型和项目型的优点，发挥了职能部门的纵向优势和项目组织的横向优势，把职能原则和对象原则结合起来，形成了新的组织形式。采用这种形式可将项目分成多个体系，这些体系既可以自行运作，又有横向联系。但这种组织形式在两个系统的集合处存在界面，需要具体划分双方的责任和任务，处理好二者之间的关系。

这三种项目组织形式的优缺点及适用范围参见表 2-1，在实际工作中，可结合工程项目管理需求进行选取合适的组织形式。

表 2-1　项目组织形式的优缺点及其适用范围

组织形式	优　点	缺　点	适用范围
职能型	• 项目成员具有较强专业知识 • 项目结束后不存在项目成员的去留问题	• 各部门之间相互配合较差，决策速度慢 • 对工程中出现的问题反应迟缓，不能以项目为中心，多考虑部门自身利益	规模较小、时间较短、技术性较强的工程
项目型	• 组织结构稳定，职能部门大而全 • 一切工作以项目为中心	• 部门职责存在交叉，界限不清 • 项目机构固定，缺乏灵活性，不易沟通 • 资源浪费	复杂的、工期较长的、大型或特大型项目
矩阵型	• 项目成员的目标单一明确 • 避免资源重置 • 项目成员无后顾之忧	• 项目成员受双重领导，不易协调 • 职能部门领导与项目经理易发生争执 • 相互之间交流少、协调性差	规模适中、技术相对复杂的大中型项目

2. 项目组织的设计与构建

工程项目组织是为完成工程项目的各项工作和实现工程项目目标而设立的管

理机构，因此，设计和构建科学合理的项目组织结构形式是进行项目全员控制、实行目标管理、正确处理责权利等各项原则问题的核心所在。但是，由于工程项目组织结构会因项目的不同而有所差异，因而，工程项目组织形式就具有了多种形式。然而，不论设计和构建哪种工程项目、采用哪种组织结构，都必须做好以下两大方面的工作。

一是要在明确项目总体目标的前提下，将项目目标逐层分解，明确组织各部门的职责和分工及各工作岗位的具体任务，使之各行其是、各负其责，且有章可循、有规可依。

二是要明确组织各部门的层级和相互关系及各工作部门之间和部门内部的指令关系。这个指令关系不仅包含上级工作部门或上级管理人员对下级工作部门或下级工作人员的工作管理关系，而且包含各个平级部门和单位之间，以及部门或单位内部平级人员之间的工作流程关系。只有明确这种关系，才能使工程项目的各项工作顺畅实施，才能使项目参与各方之间的相关工作相互衔接、紧密配合，完成工程项目的各项工作，实现工程项目的预定目标。

3. 项目组织管理模式的确定

为满足不同工程项目的管理需求，通过多年的工程实践与发展，工程项目管理已逐步产生了设计-招标-建造（design-bid-build，DBB）、建设管理（construction management，CM）、合同管理（management contract，MC）、建设-运营-转让（build-operate-transfer，BOT）、设计-采购-施工总承包（engineering-procurement-construction，EPC）、伙伴合同（Partnering）等多种不同类型的工程项目管理模式。其中，应用最多的主要是 BOT、EPC 和 Partnering 三种模式。

BOT 模式是在国际工程承包市场上出现的一种带资承包方式，该模式是政府通过特许协议，将应由政府出资营建管理的公共基础设施交给私营企业融资、建设、经营、维护，直至特许期结束后，私营企业将该设施完整无偿地移交给政府的一种模式。

EPC 模式是在项目决策阶段以后，从设计开始，通过招标来委托一家工程公司对设计-采购-施工进行总承包的一体化模式。因此，在 EPC 模式中，它不仅包括具体的设计工作，而且可能包括整个建设工程内容的总体策划以及整个建设工程实施组织管理的策划和具体工作。业主只要大致说明一下投资意图和要求，其余的工作均由 EPC 承包单位来完成。因此，采用这种模式时，总承包商与业主的关系简单，组织协调工作量小。监理工程师主要与项目总承包单位进行协调。许多协调工作量转移到项目总承包单位内部及其分包单位之间，使建设工程监理的协调量大为减少。因此，该模式对进度目标控制有利，可以提高项目的经济性，有利于控制工程投资。

Partnering 模式是工程参与各方在相互信任、资源共享及充分考虑建设各方利益的基础上共同实现工程项目目标、共同分担工程风险的一种管理模式。在使用这种模式和达成相关协议之前，需要在组织内部进行内部组合，其目的就是建立一个统一的思想，以达到与其他企业进行密切合作的目的。通常，Partnering 过程有三个阶段，即项目前期阶段、执行阶段、完成和回馈阶段。前期阶段要建立工作组并负责日常工作。这个小组通常由业主、设计师、承包商等组成，有时也包括法律及金融顾问、政府部门的代表等。在项目执行阶段，最重要的是 Partnering 的参与方要就该项目业绩表现的评判标准达成一致，在此基础上开展项目的实施。在项目的完成和回馈阶段，可以利用项目执行阶段的一系列正式评估报告对项目成果和 Partnering 过程进行有目的的分析，发现成功之处和不足之处，总结经验教训，为进行下一个项目 Partnering 或发展成为战略 Partnering 伙伴做准备。

从实现应用的角度来看，每种模式都有其自身的特点，也有各自的应用范围，并且这些模式在现有基础上还在不断地完善和改进，因此，就工程项目管理运行模式而言，很难说哪种模式可以完全满足工程项目管理的所有需求。在开展工程项目组织管理模式的选择中，还需要基于项目组织的原则，根据工程项目的具体特点、建设环境、风险状况及业主需求等因素来综合参考和确定。

2.3　工程项目的质量管理

工程项目质量管理是工程项目管理中的核心和重点。从工程项目立项初始，工程项目预定的目标中就对工程质量有了明确的定义和要求。但由于在实现工程质量目标的过程中，存在较多的不确定因素，工程质量就可能发生与预定目标的偏离。因此，在工程项目的质量管理中，预先构建工程质量保障体系、编制科学的工程质量管理计划、及时有效地开展工程质量分析与控制等工作就成为工程项目质量管理的主要内容。

1. 构建工程质量保障体系

工程质量保障体系是为实现对工程质量的有效管理而建立的管理系统，这个系统不仅包含满足工程质量管理需求的管理体制，而且还包含确保工程质量管理技术、方法和各种资源落实到位的运行机制。因此，在建立工程质量保障体系中，需要首先建立工程质量管理机构或部门，并制定相应的质量管理岗位职能与职责，明确各部门质量管理范围与内容。在此基础上，制定工程质量管理目标和标准，编制工程质量管理计划和实施方案，把各项工作落实到位。同时，为了确保各项工作之间的相互衔接，就必须制定相应的质量管理运行程序，使整个质量保障体系能够协调稳定地运行。在构建工程质量保障体系中，管理者尤其需要注意的是，由于工程质量影响因素涉及工程项目的各个方面，这些因素分布在项目的各个阶段，并贯穿于工程项目的整个生命期，因此，对工程质量的管理就要从各个阶段的各个管理要素出发，对所涉及的人、机、物、法、环等所有因素进行全方位、全过程、全系统的管理与控制，即对工程质量要开展全面质量管理。

2. 编制工程质量管理计划

工程质量管理计划是用于指导工程项目管理者开展工程质量管理实践活动的指导性文件，若要使编写的工程质量管理计划科学、实用和有效，不仅需要全面深入了解工程建设内容与目标，准确了解和掌握拟建工程的质量标准，收集质量管理的有关文件，而且需要在完成这些工作的基础上，将所有工程管理对象进行系统性分解，明确各阶段、各层级质量管理对象与质量管理标准，并将标准具体化和数量化，以便后期工程质量的检测或验证。在形成系统性的工程质量计划管理文件后，还应组织有关各方审阅、修改和完善工程质量管理计划，请有关各方提出不足之处和修改建议，直到满足工程质量管理要求为止。

3. 开展工程质量分析与控制

在工程项目质量管理中，为了实现对工程质量的有效监管与控制，需要及时了解、分析和掌握工程质量的实施状况。目前，对工程质量状况分析的方法常有调查分析法、核对表法、控制图法、因果图法、散布图法、直方图法、分层法和排列图法等方法。由于这些方法都是工程项目管理中最为常用的方法，在此不再赘述。

与工程项目的质量分析相比，工程质量的控制就更为重要。这主要是因为，由于工程质量管理的要求不仅包含工程实体产品的硬要求和工程项目参与各方各项工作及其相互间协调与配合的软要求，还涉及工程项目各个阶段的各个方面，所以，工程质量控制贯穿于工程项目的全过程，并需要从工程项目的各个方面、各个层次和各个阶段对工程项目的质量实施管理，为工程质量目标的实现提供持续性的技术保障。因此，在工程项目的质量控制中，对工程质量的控制就是一项典型的全面质量管控过程，这个过程不仅包含对影响工程质量的人、机、物、法、环五大因素的管控，而且还包含对质量的事前控制、事中控制和事后控制三个方面。通过这些控制，即通过对工程建设实施过程及其所有环节的监督，及时发现工程建设过程中有关活动偏离质量要求的现象和问题，然后通过针对性的分析与处理，使其恢复和回归到正常状态，从而使工程项目能够按照预定的计划开展和实施，并最终实现工程项目预定的质量目标。

2.4 工程项目的进度管理

工程项目进度是对工程项目实施进展状况的描述。根据工程项目进度，工程项目管理者不仅可以及时了解和掌握工程项目的实施状态与预定计划的偏差程度，而且可以根据项目管理实际需求，对工程项目资源进行科学调配，确保工程项目能够保质保量地实现预期目标。因此，为了实现对工程项目进度的有效管理，工程项目管理者就需要预先编制工程项目进度计划，并在计划的实施中进行必要的管理和控制，而这些工作也就成为工程项目进度管理工作的主要内容。

1. 工程项目进度计划的种类

在工程项目管理中，工程项目在不同阶段有不同的主次管理对象，不同的项目管理者也有着不同的管理内容。针对这些管理对象或管理内容，为了实现对工程项目的有效管理，项目管理者就要在工程项目的不同阶段针对不同的管理对象制订不同类型的进度计划。例如，按计划的表现形式来划分，进度计划可分为文字说明计划和图表形式计划，图表形式计划中又分为横道图、里程碑计划图和网络计划图；按管理单位来划分，进度计划可分为建设单位的工程进度计划、监理单位的工程进度计划、设计单位的工程进度计划、材料供应单位的工程进度计划和施工单位的工程进度计划等；按照计划内容来划分，进度计划可分为施工进度计划、材料供应进度计划、设备供应进度计划、构配件和半成品供应等进度计划；按时间长短来划分，进度计划可分为年度进度计划、月度进度计划、周进度计划等；按项目层级来划分，进度计划可分为工程项目总进度计划、单位工程进度计划、分部工程进度计划和分项工程进度计划。可见，工程项目进度计划的种类是较多的。

2. 工程进度计划的编制

为了形象地表达工程项目的进度计划并对之实施有效的管理，根据工程项目管理所需，工程项目管理者提供了多种进度计划的表达形式。目前，最常采用的工程进度计划表达形式主要有甘特图、网络图和节点图三种形式。

甘特图又可称为横道图，是由美国学者甘特于 1917 年发明的一种使用条形图编制工程项目进度计划的方法。采用该方法时，只要明确工程项目的主要工作内容及其所需时间和开始时间，就可绘制出工程项目的施工进度计划。甘特图用横坐标表示工程项目各项工作的时间，工作内容在图的左侧纵向排列，工作所对应的横道起始位置表示工作的起始时间，横道的长短表示工作持续时间的长短，其基本形式如图 2-1 所示。

从图 2-1 中可以看出，甘特图能够直观清晰地描述出工程项目的工作内容与工作时间，绘制出的进度计划图简单、清晰、明了且易于理解和编制，因此得到了普遍的使用。但这种方法并不能详细描述出工程项目中各项工作之间的主次关系及相互之间的约束关系，也不能指出影响工程项目进度的主要工序和关键要素，如果一项工作提前、推迟或延长工作时间，也很难分析出它对哪些后续工作会产生影响及其影响的程度。因此，甘特图多用于中小型工程项目中。

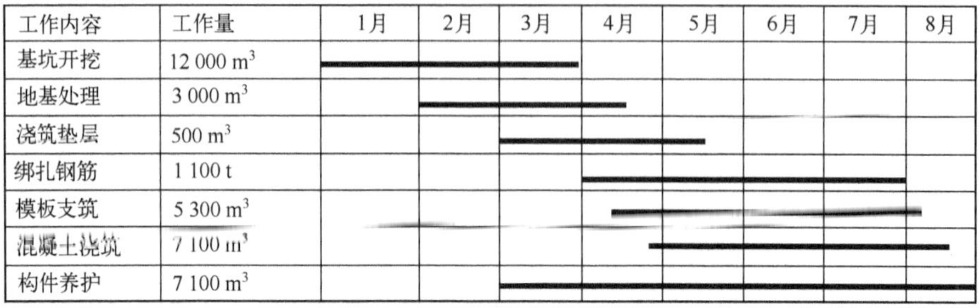

图 2-1 甘特图

网络图是以箭线和节点来表示各项工作及其流程的有序网状图形。按图的表达形式，网络图又可分为双代号网络图和单代号网络图。其中，双代号网络图中的工作由带有两个节点的箭线来表示，箭尾节点表示工作的开始，箭头节点表示工作的结束。图形的结构关系和流向表达了各工作之间的逻辑关系，各项工作的持续时间可与工作名称一起标注。单代号网络图中的工作用节点表示。节点编号也就是该工作的代号，工作代号和工作持续时间都在节点中标出，图中的箭线只表示工作进行的先后顺序，即箭头节点所代表的工作要在箭尾节点所代表的工作完成之后方可进行。在网络图的两种表示方法中，双代号网络图所表示的工作逻辑关系相对较为复杂，工作代号需要用两个节点编码来表示，因此，编制起来较为烦琐。但由于有箭线的指向，就具有不易发生混乱的优点。当把网络图表示成带有时标的形式时，就变得较为直观和清晰，如图 2-2 所示，因此，其在很多工程项目中得到了广泛的应用。

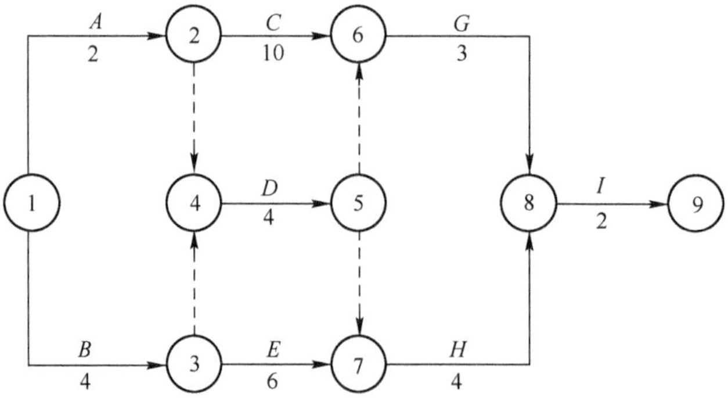

图 2-2 网络图

节点图是一种以工程项目的工作实施节点为主要控制对象的工程项目进度计划表示形式，这种图主要用于编制大型工程项目的里程碑计划，在一般中小型工程项目中较少使用。表示里程碑计划的节点图一般以点矩阵图的方式出现，只要明确了项目各阶段的里程碑工作及这些工作的重要时间节点，即可编制里程碑计划的节点图。因此，里程碑计划节点图更主要的是表示了工程项目中重要事件的开始时间或完成时间点，如图 2-3 所示，而不像甘特图那样，必须给出各项重点工作的持续时间。

年度与节点	2019年				2020年度				2021年度	
里程碑节点	1月	5月	9月	12月	1月	5月	9月	12月	3月	6月
基础工程		★								
建筑主体				★						
设备安装						★				
管道铺设						★				
辅助工程								★		
系统运行									★	
工程移交										★

图 2-3　节点图

3. 工程进度的管理与控制

在工程项目的实施过程中，将会遇到多种不确定因素的随机性影响，这些因素不同程度地给工程项目进度的执行带来阻碍和约束，使工程项目计划进度与实际进度产生一定的差距。为了确保工程项目最终能够按照预定的计划完成预定的任务，项目管理者就必须对工程进度进行监督与管理，根据工程项目的实际情况及后期管理需求，分析原定计划与工程实际之间存在的差异，并通过科学的管理方法，对工程进度进行适度调整，确保工程进度管理的时效性。因此，工程项目进度计划的管理与控制就是在工程项目进度计划的执行过程中，对项目实施进展情况进行检查、对比、分析和调整，以确保工程项目进度计划目标实现的管理活动。

2.5　工程项目的费用管理

工程项目费用管理的目的就是确保工程项目在预定费用的前提下，于规定的时间内保质保量地完成工程项目的全部工作。在工程项目费用管理中，主要的管理内容包括工程项目费用的计算、费用的编制和费用的控制。

1. 费用的计算

在工程项目的不同阶段，需要计算不同的费用。从总体上看，工程费用的计算可分为五大类，即工程项目费用的估算、概算、预算、结算和决算。

工程估算是指在工程项目的投资决策阶段对工程项目费用的测算，是工程建设方依据现有的资料和特定的方法对建设项目的投资数额进行的预测和估计。但是，在工程项目的决策阶段，由于工程项目建设方还没有对工程项目的建设细节进行清晰、准确的定位和描述，无法对工程项目中的若干问题具体化，也很难预测工程项目实施中可能遇到的特殊问题，因而，很难确定工程项目的具体费用。但为了分析和确定工程项目的投资效益，并为工程项目的立项审批和项目立项后的项目融资提供科学的依据，就需要工程项目建设方对拟建工程所需费用做出初步估计。由于在费用估计中缺乏详细的工程设计文件，估算的依据主要是已完成的同类工程的费用、国家或行业发布的有关测算数据等参数，因此，估算的费用误差较大，工程中允许估计误差可在±30%的范围内。

在工程项目立项后，工程建设单位将进一步深化初步设计方案，并绘制可以满足工程项目建设的施工图。在此期间，为了选择更好的设计方案，并为工程项目建设费用的筹措或贷款申请及工程项目的招标提供依据，设计单位或造价咨询单位将依据初步设计文件编制工程概算。在编制概算时，相关人员对工程建设规模、建设环境、建设等级等建设内容已有相对清晰的了解和掌握，因此，工程概算的计算精度就比工程估算高出很多，工程中允许的计算误差限定在5%~10%。

工程预算是根据批准的设计图纸，结合相应的预算定额及单位估价表、各种费率取费标准等计算和编制的工程项目建设费用，是预先确定工程项目内含各项建设内容价格的重要依据，也是工程建设单位今后管控工程项目费用的主要依据。

工程结算是工程项目施工方或材料供应方等承包商在完成工程项目的全部任务和工作之后，根据实际完成量和相应的定额及各种费率取费标准等计算和编制的项目最终费用，也是工程建设单位支付工程承包商费用的最终依据。

工程决算是在工程项目竣工后，工程建设单位的财务部门从固定资产的角度出发，依据国家和企业对固定资产费用的有关规定，以工程结算为基础，向上级主管部门提供的工程资产经济文件。因此，工程决算是核算企业新增固定资产价值、分析工程投资效果、建立健全经济责任的依据，是反映建设项目实际造价和投资效果的依据。

2. 费用的编制

不同的费用，其编制方法有很大的差别。当对工程项目进行估算时，由于估算是在工程项目很多资料和建设细节不明确的前提下进行的费用测算，因此，很多估算就以政府部门发布的物价指数、已建同类工程项目的投资档案资料等为参考依据，结合拟建项目的主要内容、专业机构发布的工程造价和费用构成，采用生产规模指数估算法、分项比例估算法、资金周转率法、单位面积综合指标估算法、单元指标估算法等方法进行计算。

在开展工程概算时，常常是基于设计单位的概算定额，通过概算定额法、概算指标法和类似工程比较法来获取概算分析结果。对于工程预算而言，则与上述的估算和概算有很大不同，由于已有了设计图纸和国家颁布的预定定额，则编制的预算就较为准确。目前，工程项目预算费用的编制一般有两种模式，即传统的定额计价模式和工程量清单计价模式。传统的定额计价模式是采用国家、部门或地区统一规定的预算定额、单位估价表、取费标准和计价程序进行工程造价计算的模式。工程量清单计价模式是招标人按照工程量清单计价规范中的工程量计算规则，由投标人依据企业自身条件和市场价格对工程量清单自主报价的工程造价计算模式。在这两种模式之下，工程项目预算费用的编制可以采用工料单价法和综合单价法两种计价方法来计算。

对于工程结算而言，工程结算和预算的基本方法一样，但在工程量的审定方面，因为关系到最终的所付费用数量，所以也最为严格。在编制结算费用时，结算费用的依据并不完全是设计图纸，而是根据实际完成的情况进行计算。

3. 费用的控制

在工程项目的实施过程中，工程经常会受到来自项目内外多种因素的影响，这些因素可能会给工程项目的费用也带来不同程度的影响。为此，为了实现工程项目的费用管控目标，就需要对工程项目的费用进行必要的管理和控制。

从费用管控的方法来看，各种控制方法可分为三大类，即工程费用的事前、事中和事后控制。其中，事前控制是指在工程项目实施前，针对工程项目今后可能发生的问题及其对费用的影响程度进行预测，在对这些问题进行深入分析的基础上，预先采取相应的措施进行处理，使工程项目费用处于预定计划之中。事中控制是指在工程项目的实施过程中，针对工程项目发生的问题及其对费用的影响程度进行及时分析，并提出相应的处理方法，使工程费用处于可控状态。由于这种方法是在工程项目的实施过程中并行而为的，能对工程出现的问题做出较快的反应，也能通过对项目费用若干指标的分析来发现项目费用存在的问题，因此，其成为工程中最常采用的方法。事后控制是在工程若干问题发生并给工程费用带来一定程度的影响后，才开展处理工作，并将这些问题对工程费用的影响减少到最低程度的管理方法。这种方法可能给工程项目的费用带来较大的不利影响，因此，事后控制一般仅作为总结工程费用管理经验的方法。

2.6　工程项目的安全管理

安全管理是工程项目管理的重要组成部分，是在工程项目建设过程中通过计划、组织、技术等手段，依据工程项目的人员、事物、环境等因素的运动规律，对有关人员的行为、事物的状态和作业的环境进行必要的管理和控制，以消除或减少不稳定因素，确保工程项目处于安全稳定状态而开展的管理活动。这一活动包含的主要内容如下。

（1）建立与完善安全生产管理制度和保证体系，使工程安全管理工作做到有章可循、有规可行、有法可依。

（2）组织安全教育，提高工程建设有关人员的安全意识与素质，促使有关人员掌握安全施工技术。

（3）开展安全影响因素分析，编制安全保障计划，制定针对性的安全保障措施。

（4）运用现代管理和科学技术，实施安全保障计划，并对工程建设过程实施持续性的安全管理与控制。

（5）组织安全技术交底、安全检查和宣传活动，开展安全资格认证，规范安全工作行为，实行标准化施工作业。

（6）对安全管理中出现的问题进行及时有效的分析、处理和总结，并向有关安全管理部门进行汇报。

（7）及时记录安全工作的各项内容，并将有关资料汇集整理。

（8）开展技术提升与改进工作，改善施工工艺，改进设备性能，提高安全保障能力。

（9）正确贯彻执行国家和地方的有关安全法律法规、技术标准和作业规范，确保工程项目有关人员和物资设备得到应有的法律保障。

在开展以上安全工作内容的过程中，为了实现安全管理目标、达到安全管理目的，要在工程项目的建设过程中实行全员、全过程、全层次、全方位的安全管理方式，使安全管理的各项规章制度在工程项目的建设过程中从始至终地得到贯彻和执行。不论任何时候开展和从事任何工程项目的建设活动，都要将安全管理理念贯穿进去，并始终在安全管理工作中坚持安全生产责任制度，做到管工程的同时也要管安全。与此同时，要正确认识和处理好安全与施工、安全与质量、安全与进度、安全与费用、安全与效益之间的对立统一关系，既不能为了安全而不顾工程质量，或长时间进行停工安全检查而耽误工期，或为了安全投入大量资金而不顾工程成本和效益，也不能仅仅为了快速完工或节约费用而不顾安全。要通过安全管理工作的开展与宣传，使工程项目有关人员真正懂得抓安全就是为了促生产，只有安全得到保障，工程质量才能得到更大程度的保障，工程进度才能顺利推进，工程效益才能显著提高。此外，在安全管理中，还要积极学习和引进科学先进的新思想、新方法、新技术、新工艺和新材料，使工程安全管理能力和水平再上新台阶，为工程安全提供有力的技术保障。

2.7 工程项目的资源管理

资源是工程项目建设中必不可少的重要组成部分，工程项目的实施过程实际上也是资源的耗用过程，因此，工程建设所需资源能否保质保量地按时供应到位并发挥其应有的作用，与工程项目的质量、进度、费用、安全等主要管理对象有关，而且事关工程项目的成败。因此，在工程项目的实施过程中，如何根据工程项目的实际需求对工程项目资源进行科学的配置与管理就成为工程项目资源管理的重点内容。

1. 工程项目资源的种类

资源是所有人力、物力、财力等物质要素的总称。在经济学中，把可以投入生产过程中创造财富的东西统称为资源。但在工程项目中，资源则具有较宽泛的内涵，它不仅包含工程项目中所需要的人力、物力、财力等有形要素，而且还包含建设工程项目必不可少的时间、空间、信息、技术等无形要素，因此，工程项目资源有着更为广泛的含义。例如，在人员方面，它不仅包含工程施工人员、项目设计人员、工程监理人员、材料供应人员、项目管理人员和项目决策人员，而且还包含与工程相关的政府主管人员、银行参与人员、保险公司人员、合同法律人员等。因此，不同工程项目的人员组成具有很大差异。又如在工程材料方面，资源除了包含最常使用的钢材、木材、水泥、砖瓦砂石、玻璃等主要建筑材料外，还包含大量的非金属材料以及先进的复合材料。特别是近年来，随着科学技术的发展，此类材料在工程项目中的使用范围越来越广，并具有很好的发展前景。

除上述资源外，在资源管理中，需要注意的是信息资源、网络资源等新型资源和水、电、气、油、煤等能源。由于这些资源有着与其他资源不同的特性，因此，在工程项目的资源管理中，应给予更多的重视。

2. 工程项目资源的耗用规律

工程项目的整个建设过程可以分为四个阶段，即项目决策阶段、准备阶段、施工阶段和竣工阶段。在工程项目的实施过程中，不同阶段有不同的工作内容，因此需要不同的项目资源来满足工程项目的建设需求。同时，由于各阶段工作内容的难易程度和工作量也具有较大的差异，所需投入和耗用的项目资源种类与数量也就有了很大的差异。

一般来讲，在工程项目的决策阶段，工程项目的主要工作是针对拟建项目开展前期调查与研究，编写项目建议书和可行性研究报告，因此，这一阶段需要的项目资源主要是人力资源和少量的调研经费。在工程项目的准备阶段，主要工作是建立工程项目组织机构、开展工程项目设计、编制工程施工方案和工程概预算，组织工程项目的招标与投标，选定工程设计单位、施工单位、监理单位、物资供应单位，办理工程建设相关手续等工作。因此，这一阶段需要的项目资源主要是人力资源、项目资金、少量的工程物质材料。

在工程项目的施工阶段，由于该阶段的主要任务是在利用项目各种资源，将设计蓝图变成工程实体。为此，工程项目中所涉及的人力、物力和财力等有形资源及技术、信息等无形资源全部被投入使用。在工程项目的竣工阶段，工程项目的主要工作是工程验收和试运行，并处理发现的若干问题，因此，所需要的主要资源是人力资源、少量的工程材料及工程试运行所需资源。

2.8 工程项目的信息管理

从工程项目资源属性的角度来看，信息属于工程项目资源类。但由于工程信息在工程项目中具有不同于其他资源的特殊属性，并且随着工程管理科学技术的不断发展和工程项目管理知识外延的不断扩大，工程信息在工程项目中发挥着越来越重要的作用，因此，在工程项目管理中，就将工程信息单独作为一个知识单元进行阐述，使工程项目管理人员能够更好地了解和掌握这一专业知识和技术，为工程项目管理提供更有效的服务。

1. 工程信息及其分类

工程信息是描述工程项目状态的有关信息，按工程信息内容属性划分，工程信息可分为技术类信息、经济类信息、管理类信息和法律法规类信息。其中，技术类信息是指在工程项目实施过程中与技术有关的信息，如设计要求、技术流程、施工工艺、操作规范等信息；经济类信息是指与工程造价、投资费用有关的信息，如材料价格、工程预算、现金流量等信息；管理类信息是指工程组织管理方法、管理模式、岗位责任、工作流程等信息；法律法规类信息是指工程项目参与各方必须遵循的依据，如工程设计规范、工程施工规范、工程验收规范等信息。

按工程信息来源划分，工程信息可分为工程内部信息和项目外部信息。其中，内部信息是指工程项目各个阶段、各个环节、各有关单位产生的信息，如设计文件、施工方案、会议制度、工程质量、项目进展、安全状况等；外部信息是指来自项目外部环境的信息，如市场材料和设备价格、物价指数、国家有关政策及法规等。但对于工程项目来讲，为了实现对工程信息的有效管理并能最大限度地利用信息，使之为工程管理服务，最常用的信息划分方法是从信息所属的管理对象角度进行划分，主要包含的种类有工程概况信息、工程设计计划类信息、标准规范类信息、工程质量信息、工程进度信息、工程费用信息、工程安全信息、工程物资信息、工程合同信息和工程验收等信息。

2. 工程项目信息管理技术

工程项目信息管理技术是关于信息的产生、发送、传播、接收、变换、识别、管理和控制等应用技术的总称，是在信息科学的基本原理和方法指导下提高和扩展人类信息处理能力的技术，主要分为信息采集技术、信息处理技术、信息应用技术和信息安全技术四大类别。

信息采集技术是指采集信息的过程中所使用的技术，就目前情况来看，工程施工现场采集信息的技术主要包括传感技术和遥感技术。其中，传感技术是利用各类传感器来获取管理对象特征信息的技术；遥感技术是从远距离感知目标反射或自身辐射的电磁波、可见光、红外线等对目标进行探测和识别的技术。

信息处理技术是信息的多技术集成，是对信息进行描述、分类、排序、转换、浓缩和扩充的技术。在这些技术中，主要涉及三大技术，即整理加工技术、测量加工技术和统计加工技术。其中，整理加工技术是指运用科学的方法，对调研所采集的信息进行审核、检验和初步加工，使之系统化和合理化，并以集中、简明的方式反映调研对象总体情况的研究过程。测量加工技术是把需要研究的主题通过确定主题、定义问题、实施测量、检验结果这四个主要环节提炼成若干个可测量指标，然后对这些指标进行统计分析。统计加工技术是运用统计学原理，对采集的数据资料进行综合处理，以揭示事物内在数量规律的过程和方法。在信息加工阶段，统计技术具体表现为对已经初步整理的数据资料进行加工概括，并用统计量对这些资料进行描述，主要包括：描述绝对数量的次数或频数，描述相对数量的比值、比率和指数，描述集中趋势的众数、中位数和平均数，以及描述离散趋势的比率、极差、标准差或方差、变异系数等。

信息应用技术是针对各种应用目的，如信息管理、信息控制、信息决策而发展起来的实用性技术，主要包含管理领域的信息应用技术和生产领域的信息应用技术。其中，管理领域的信息应用技术主要是管理信息系统，生产领域的信息应用技术主要是计算机集成制造系统，即将制造类企业中的全部生产活动有机地集成起来，形成的一个实现整体集成化和智能化的生产系统。

3. 工程项目信息管理方法

在工程项目管理中，对工程信息的管理主要是依托信息管理系统或信息管理平台来实现的。通过这一系统或平台，工程项目管理组织将工程项目的所有信息收集起来进行分析和处理，再把信息处理结果反馈给工程项目的有关方，这样，既可以实现对工程信息的有效管理，又可以发挥信息的有效作用，同时还可以为项目各参与方实现信息交流、信息共享、共同工作提供一个有效的工具。

2.9 工程项目的合同管理

在工程项目的建设中，众多工程参建方不仅需要完成各自的工程建设任务，尽可能地为自身获取更大的效益，而且还需要彼此之间相互协调与配合，为实现工程项目最终目标而共同努力。为此，工程项目就通过基于法律效力的合同，明确规定了项目参与各方的权利和责任，规范了各方的行为，为提高工程管理效率、减少各方之间的冲突与矛盾提供了必要的保障。因此，工程合同管理就成为工程项目管理的主要内容之一。

1. 工程合同及其形式

工程合同是工程项目参与方中的平等主体（如自然人、法人和其他组织）之间就民事权利、义务关系等方面在平等自愿基础上达成的受法律保护的协议。由于工程合同主要发生在涉及工程经济行为的活动之中，因此，从法律上讲，工程合同就成为工程建设经济交易中的基本法律形式，合同关系也就隶属于法律关系。

对于工程项目而言，合同主体一般是企业法人，客体是指工程建设项目，所签订的合同内容主要是围绕工程项目目标的实现而彼此之间应该承担的义务和责任。由于工程项目的标的是不动产，具有长久性、不可完全复制性、影响广泛性等特点，因此工程合同具有了更强的法律性。

在工程项目的合同管理中，合同的形式一般有书面形式、口头形式和其他形式，但主要以书面形式来确定对方要约的，并多以承包合同、买卖合同和委托合同三种形式出现。其中，承包合同是承包人进行工程建设、发包人支付合同价款的合同，如工程施工合同；买卖合同是出卖人转移标的物所有权于买受人，买受人支付价款的合同，如材料设备采购合同；委托合同是由受托人处理委托人事务的合同，如工程设计或监理合同。

2. 工程合同的主要内容

一般来讲，工程合同主要详细阐述和说明的两个主题是权利和义务。其中，权利是指权利主体依据法律规定和约定，有权按照自己的意志做出的某种行为，同时要求义务主体做出某种行为或者不得做出某种行为，以实现其合法权益。其内容主旨包含有三条：一是在法律规定的范围内，有权自主决定从事或不从事某些经济活动，从而实现或放弃自己的利益和要求；二是有权依照法律、法规或约定，要求相对义务主体履行法律义务，以实现自己的利益和要求；三是当相对义务主体不依法或不依约定履行义务而致使权利主体的权利受到侵犯时，权利主体有权请求国家机关强制其履行，以保护和实现自己的权益。

义务是国家在法律中规定的对法律主体的行为进行约束的一种手段，其内容主旨也包含三条：一是义务主体必须依照法律或合同约定，做出一定行为或者不得做出一定行为，以实现权利主体的利益和要求；二是义务主体应自觉履行事先约定的义务，如果不履行或不完全履行，将受到国家法律的制裁；三是义务主体的义务仅限于当事人依法约定的范围，约定以外的不必履行。

3. 合同的管理与控制

在完成工程合同的签订后，要顺利完成合同所确定的内容，就必须对合同进行有效的管理和控制。在合同的管理和控制方面，设计的主要内容有合同分析、合同交底、合同跟踪、合同实施偏差分析和合同纠偏这五个方面。

合同分析是指通过科学的分析方法，将合同条款和约定中存在的潜在问题预先寻找出来，以便预先化解，确保合同顺利执行的行为过程。分析的主要对象有合同书和合同执行条件。分析的具体内容主要有当事人的责任与权力、工作范围、工期要求、质量要求、技术规范、变更规定、违规责任、补偿条件、验收方法、索赔规定、合同解除方式等事项。

合同交底是指合同管理人员在全面了解和掌握合同内容的基础上，组织工程有关人员学习合同条文并就其中的主要条款进行解释和答疑的过程。通过合同交底，工程项目管理人员可以掌握合同的主要内容和有关规定、熟悉自身所担负的合同责任及相应的法律后果，避免出现违约行为。

合同跟踪是指在工程项目实施过程中，实际情况的随机性变化可能会导致合同执行效果与合同预定目标出现较大偏差，如果不能及时发现这些偏差并消除，就可能产生非常严重的后果。因此，为了确保工程合同的执行结果与合同要求相一致，就必须对工程合同的执行情况进行跟踪与检查，及时了解合同的执行情况。

合同实施偏差分析是指通过合同跟踪，合同管理者可以了解和掌握执行合同的具体实况信息。根据这些信息，即可分析和判断合同执行的当前效果与预期目标是否存在偏差，是否存在一些问题，并在此基础上，就若干问题的产生原因展开进一步的分析，以便制定相应的对策，确保合同的执行结果与合同要求保持一致。

合同纠偏是针对合同执行中出现的问题和造成的偏差，合同管理者需要及时采取针对性的措施进行纠正。从纠偏的具体方法来划分，可分为组织措施、技术措施和经济措施三种类别。组织措施是指通过增加人员投入、调整人员安排、调整工作流程和工作计划等方式来解决问题的一种方式；技术措施是指通过变更技术方案、采用新技术来解决问题的一种方式；经济措施是指通过增加资金投入、采取经济激励手段来解决问题的一种方式。在工程合同的实际管理中，解决问题时并不一定是单独使用某一种方式或手段，也可以综合应用多种方式。

2.10 工程项目的其他管理

工程项目是一个涉及众多方面的系统工程，若要实现工程项目的预定目标，不仅需要对工程项目的质量、进度、费用、安全等主要管理对象进行全面有效的管控，而且还需要做好其他大量的辅助性管理工作，如工程项目建设的可行性研究，贯穿工程项目始终的技术管理，工程建设过程中的文件、资料和档案管理，工程项目的验收和完工后的工程项目后评价等。由于这些辅助性工作的实施效果好坏与工程项目的成败具有不同程度的紧密关系，因此，也成为工程项目管理中较为重要的管理内容。

在这些管理中，工程项目的后评价是最为重要的管理内容，这是因为，通过工程项目的后评价，不仅可以对工程项目的建设过程进行全面的分析与总结，客观系统地了解和掌握工程项目整个建设过程的全部状况，从中吸取经验和教训，为进一步提高工程项目管理水平提供改进和完善的依据，而且还可以通过对投资活动的经济分析，检验工程投资的经济效益，为今后工程项目的投资决策提供科学的指导。后评价的主要内容包含以下六大类。

1. 工程项目前期决策效果后评价

工程项目前期决策效果后评价主要是以工程项目前期决策目标、可行性研究结果和项目评估结果为分析对象，以工程完工后的实际建设效果为事实依据，从工程决策的科学性、各种数据分析的有效性、可行性研究的全面性和研究结果的正确性等多个方面进行对比和分析，从中找出计划目标与实际执行效果之间的偏差及其原因，为今后工程项目的立项与决策提供参考依据。

2. 工程项目建设效果后评价

工程项目建设效果后评价是从工程项目建设的角度出发，就工程项目建设前的资金准备情况、勘察设计情况、工程招投标情况、征地拆迁情况、手续办理情况、计划落实情况、项目组织情况及工程质量、进度、费用、安全、风险、物资供应、合同管理、试运行结果等方面进行的全面分析。通过工程实际效果与原计划之间的对比与分析，可以发现工程项目建设管理中存在的优势与不足及经验和教训，为改进和提高工程项目管理水平提供依据。

3. 工程项目经济效益后评价

工程项目经济效益后评价主要包含财务后评价和国民经济后评价两个部分。财务后评价是从财务角度分析和计算工程项目财务盈利和贷款偿还能力，以此来判断工程项目经济效益的分析工作。国民经济后评价是在财务评价的基础上，从整个国民经济或全社会角度出发，根据工程项目的实际数据和国家颁布的影子价格及有关参数，利用社会折现率、内部收益率、经济净现值和投资净效益率等指标，分析工程项目所产生的实际成本效益与前评估经济预测的偏离程度及其原因，为今后提高工程项目的宏观决策水平提供依据。

4. 工程项目环境影响后评价

工程项目环境影响后评价是在项目建成后，从工程项目对区域环境质量的影响、自然资源的利用和保护、区域生态平衡、环境管理和工程项目污染与控制等方面产生的环境影响或未来可能产生的环境影响进行的分析与评价。通过这一评价，不仅可以审查工程项目管理者在工程项目建设中落实环保设施和污染治理措施的情况，而且还可以检测原定工程环保措施的科学性和有效性，为今后提高工程建设环保管控工作积累丰富的实践经验。

5. 工程项目社会效益后评价

工程项目社会效益后评价是工程项目后评价的一个重要组成部分，评价的内容包含社会影响评价、工程项目与所在地区的互适性分析及社会风险分析。其中，社会影响评价主要是分析工程项目对社会发展所产生的影响，如对工程项目所在地区居民生活水平的影响，对当地居民就业的影响，以及对当地居民利益、文化教育、民族风俗、宗教习惯等方面的影响。工程项目与所在地区的互适性分析主要是从不同利益群体、当地组织机构和当地技术水平等方面对工程项目建设效果进行的分析与评价。社会风险分析则是在对影响项目的各种社会因素进行全面分析、识别和排序的基础上，就工程建设可能给社会带来不稳定的因素进行的分析和研究。据此分析结果，可以及时避免和消除这些因素给社会带来的潜在不利影响与危害。

6. 工程项目可持续发展后评价

工程项目建成后，其后续的运营可能会给当地社会经济发展带来不同程度的影响。因此，若要了解和掌握工程项目的后续发展趋势，就需要从工程项目的可持续发展角度对工程项目进行分析。分析的内容主要包括工程项目自身的可持续性及工程项目与所在地区经济、社会和环境之间的发展协调性。通过这一分析，可以从中找出阻碍和影响工程项目可持续性的不利因素，为优化投资决策提供科学的依据。

第 3 章　集成管理理论

工程项目管理作为一种先进的科学技术与有效的管理方法，已在社会各个领域得到了广泛的应用。由于任何工程建设项目都包含工程质量、工程进度、工程费用、工程安全等主要管理对象，而这些管理对象之间又具有相互影响、相互约束的紧密关系，这意味着，对工程项目的管理将是一个综合性的集成化管理过程。因此，若要对工程项目进行集成化管理，首先就必须了解和掌握集成化管理的相关基础知识。

3.1　集成管理的基本内涵

3.1.1　集成的含义

据集成的本意来讲，集成含有聚集、综合之意，是将各种相关要素进行的汇集。从系统角度讲，是指某一系统或系统的核心部分要素联结在一起，使之成为一个统一整体的过程。在这个过程中，集成以系统思想为指导，将两个或两个以上的要素或子系统整合为新的有机系统并产生新的效果，并以最合理的结构形式将这些要素组合在一起，最终形成一个协调统一的整体。

集成的理念最初源于信息系统，它是指将软件、硬件与通信技术组合起来为用户解决信息处理问题的综合方式，集成的各个部分原是一个相对独立的系统，集成后的整体则是各部分之间能彼此有机协调地工作、达到实现全局、产生整体效益的行为过程。这个行为过程具有以下五个特点。

（1）集成要以实现最终目标为基本出发点。

（2）集成不是选择最好的要素，而是选择最适合的组合对象。

（3）集成的目的是要实现比原本个体更高的效益。

（4）集成的总体作用大于任何个体作用。

（5）集成的过程既是一种管理过程，也是一种技术过程。但对这个过程，不同的研究者有不同的理解，有的学者认为是将独立的若干部分加在一起或者结合在一起成为一个整体即为集成，也有的研究者认为是指系统若干部分联结在一起，使之成为一个统一整体的过程。因此，对集成的定义和理解也有一定的差异，并且随着科学技术的发展集成的内涵也在不断深化，外延不断扩展。但不论怎样，其本质含义是将所涉及的对象进行总体整合之意。

3.1.2　集成管理的含义

管理是引导和约束人们按照相关的制度从事某一任务或工作的行为过程，在这一过程中，如果管理者以集成思想为指导，运用集成的基本原理和方法，按照一定的模式对管理对象进行整合从而产生新的系统，并使得系统整体产生新的效益，这个行为过程就是集成管理。

在此过程中，集成管理有两个基本要点，一是集成管理主体要有明确的集成目标，二是对各类集成对象或要素进行集成管理的过程是一个系统性的行为过程。因此，集成管理与传统管理相比，其主要特征体现在以下四个方面。

(1) 确定的集成管理目标比传统管理目标更具有长远性，在整合中，传统的目标管理常常会受到自身资源的限制，而集成目标管理却通过资源的调配和整合，促使管理向更高的层次迈进。

(2) 与传统管理相比，集成管理的要素不仅包含人、财、物等传统资源，而且包含信息、知识、策略等现代化资源。

(3) 集成管理打破了各要素管理的边界，通过各要素的相互转化和组合，形成了各要素形成合力的优势。

(4) 与传统管理相比，集成管理更强调兼容与协调，强调集成对象的有机整合，并实现总体效应的最大化。

3.2　集成管理的主要特性

通过对集成管理内含的分析可以看出，集成管理已在传统管理的基础上赋予了新的含义，不仅包含一般管理的基本含义与作用，而且还要在此基础上对管理要素进行科学、系统的整合，以实现管理对象的最优化。一般来讲，在集成管理的过程中，它常具有以下几个主要特性。

1. 集成管理的关联性

集成管理的必要条件是集成管理中各管理对象之间具有紧密的关联性，即某一因素的变化可能会引起另一因素或者多个因素的系列性改变。这个关联性可以通过目标的一致性、功能的互补性和结构的耦合性来体现。

2. 管理集成的相容性

集成管理是由若干个管理对象集成在一起的有机整体，这意味着集成管理包含的各管理对象是相互关联的，彼此之间具有相容性。这些相互关联的管理对象可以基于某种联系组合在一起，形成一个有序的组织，减少集成管理系统的内耗。但在各管理对象的相容性程度上，有完全相容和基本相容两个层次，完全相容是具有高度的融合性，基本相容则主要集中在集成的主要方面，其他方面则有可能存在一些不协调的成分，但是不至于影响或否定它们整体上的相容。

3. 集成管理的互补性

集成管理的互补性是指集成管理中管理对象之间的功能互补，即某一对象在管理方面存在的缺陷或不足可由其他对象来补充，并通过相互之间的弥补和完善，做到优势互补，使集成管理取得更大的绩效。

集成管理中管理对象之间的功能互补性有不同的类型，按功能互补效应可以将功能互补性分为功能增强型互补性和新功能产生型互补性，按功能互补程度可以将功能互补性分为高度功能互补性和一般功能互补性，按管理对象互补的性质可以分为同类管理对象的互补性（如管理方法和管理方法的互补、管理组织和管理组织的互补）及不同类管理对象的互补性（如管理思想和管理方法的互补、管理组织和管理方法的互补）。通过功能互补，不仅可以发挥各管理对象各自的优势，而且还能大大增强或拓展集成管理的整体功能，取得意想不到的管理效果。

4. 集成管理的耦合性

集成管理的耦合性是相对于目标一致性及功能互补性较更为复杂的管理形式，其主要体现在管理对象形成的结构组成与融合方面。耦合的过程需要管理对象之间具有重合部分或连接部分，或接口和接触界面，需要有彼此之间的信息输入与输出端口。

按耦合的程度，集成管理的耦合性可以分为高度耦合性和一般耦合性。一般来讲，在集成管理中，管理对象在结构上的重合部分越多或者连接的接口范围越大、涉及的因素越多越复杂，则耦合性程度越高，反之则耦合性程度则越低。

3.3 集成管理的基本思想

由于集成的理念最初源于信息系统，因此，集成管理的思想也就与系统论、控制论与信息论紧密联系在一起。从集成思想产生初始，集成管理就是要在对众多要素进行管理的过程中，进行系统性优化和整合并产生最佳效益，所以，系统论、控制论与信息论也就成为集成管理的有力工具。其中，系统论的核心作用是系统通过整体作用，支配和控制所需集成的各个要素，各要素通过相互间的作用来产生和决定系统的整体集成效能。而控制论则是通过对各管理要素相关信息的控制与协调，将之集成在一起，从而为实现系统的整体行为一致性而开展的管理过程。在此过程中，为了使有关信息发挥其应有的作用，集成管理又借助于信息理论与方法，把信息的获取、传送、加工和处理整合在一起，为实现系统的整体行为提供技术支持与服务。由此可以看出，集成管理的核心就是要使系统管理对象通过系统化的协调与控制，使整个系统达到可控的目的，从而实现预期的管理目标。由此可知，集成管理的思想就主要体现在以下几个方面。

1. 整体优化

集成管理强调各种要素的综合运作与管理，要求实现整体效应的最大化。整体优化的主要途径有两条，一是要消除集成要素中的相互抵触与干扰，二是要注意要素间的优势互补，使要素相互组合产生出最大效应。

2. 多方共进

集成管理中涵盖的对象较为广泛，相互间的关系也较为复杂，但对各方之间的集成结果不再是传统模式中的竞争关系，而是超越竞争关系的和谐发展。在这一理念的指导下，各要素将会在集成管理中表现出协同共进的总体态势，更加注重集成结果的长远利益，消除目前的短视行为，以实现集成的最终目标。

3. 相互协调

在集成管理中，各集成要素是相互联系、相互影响的，某一要素如果发生了变化，则其他相关联的要素也要做出相应的调整和改变，这样才能保证集成整体始终处于最佳状态。因此，在开展集成管理的过程中，只有发挥各要素之间的整体协调作用，减少和消除它们之间的相互制约，才能真正达到集成管理的目的。

4. 资源重组

在集成管理中，有些资源可以在要素集成的过程中多次重复利用，如工程信息或先进技术等。这些资源通过与各种相关要素的多次组合和利用，使集成管理发挥出更大的效用。而这些资源与其他要素的多次组合，也表现出其能被多次发挥作用的特点。在集成管理中，这种情况越多，集成管理效应就会越大，管理效果也就会越好。

3.4　集成管理的基本原理

从理论上讲，集成管理是一种方法，它包含对管理要素的认识、分析与管控，因此，集成管理也就成了一种方法论。然而，从方法论的角度看，任何一项管理都有其相应的需要设定的管理前提或基本假设，都要有其需要遵循的基本原则及开展管理所需遵循的基本理论，这些内容就形成了集成管理的基本原理。

1. 基本假设

集成管理要在管理中发挥作用，就需要预先解决以下三个基本假设问题。

一是集成系统具有复杂性。它是指由于集成系统是多要素的组合，多要素在其组合中必然会有自身的特性，且相互间的特性可能具有不兼容性，这就必然会使得集成系统的各要素间在其集成中产生和各种问题，使得集成系统和集成管理具有了显著的复杂性。

二是复杂系统的可辨识性。它是指集成管理主体可以通过系统分解来认识复杂系统中的关键要素，以及在系统整体层面上呈现出来的复杂性，其目的是实现宏观—微观—宏观、实践—理论—实践的辩证统一。

三是集成整体具有创新性。即集成管理的主体通过学习，扩大了认知的边界，提高了集成主体驾驭复杂系统的能力。但集成主体具备相应的能力时，则会通过创新来解决集成中所遇到的问题。创新的方式可以有多种方式，并包括引进先进的技术和管理水平以及通过多要素交互的方式产生创新能力。

2. 基本原则

集成管理的一般过程包括要素和资源的输入、输出和处理三个基本面。输入是系统集成的入口，包括输入集成要素及系统集成所需的资源；输出则是集成管理的结果或者为开展下一集成工作所准备的条件；处理是为实现集成所采用的技术、方法、手段、构建的平台、设计的模型，等等。在开展这三方面的工作过程中，需要遵循一些基本原则，这些原则包括实用性和经济性原则、先进性和成熟性原则、安全性和可靠性原则、开放性和可扩展性原则、标准性原则。其中，实用性和经济性原则是指在集成管理的过程中要充分利用系统的自带资源，降低集成管理的成本，实现经济效益最大化。先进性和成熟性原则是指集成管理中所使用的技术和方法要具有先进性，并且成熟有效。安全性和可靠性原则是指集成系统在其运行中要确保系统能够长期不间断地运行，并具有相应的保护措施。开放性和可扩展性原则是指集成系统内部和外部之间要有一定的兼容性，以便今后需求的增加和扩展。标准性原则是指集成的过程是一个可以控制和管理的过程，各项工作都要遵循一定的标准和规范，使得集成工作更加规范化、系统化和工程化，提高系统集成的质量。

3. 管理过程

集成管理的主要工作内容包括三个方面。一是项目集成计划的制订，二是项目集成计划的实施，三是项目变更的总体控制。针对复杂的管理对象，集成管理主体首先是建立认识系统，分析系统所处的环境及其与其他要素的相关性。其次，依据集成目标和集成中的复杂性特点，开展集成的前期准备工作，包括集成设计和集成组织。在集成管理的过程中，管理不能简单地视为只是执行功能的工具，主体间是否能相互协调和协作是集成管理目标最终能否实现的关键。最后，通过对复杂系统的系统分解和综合，采用多级和递阶控制、分散控制和集中控制相结合等模式，完成系统的集成任务，实现集成的最终目标。

在对管理对象进行集成管理的过程中，由于涉及人、机、物、法、环等多种管理对象和各种内外因素，因此集成管理必须在相关科学理论的指导下，才能取得最佳的集成效果。常用的基本理论主要有要素相容与要素互补原理、非线性相关原理、系统界面与功能结构原理、集成效应原理、和谐协同原理。

（1）要素相容与要素互补原理。

要素相容与要素互补原理是一种分析和描述集成要素间内在联系的基本原理，即系统中各要素是形成集成体的必要条件，这些要素间又存在不同的属性，如何使得各要素能够实现最佳组合，发挥最佳效益，就成为集成管理分析和研究的主要对象。因此，要素相容与要素互补原理也就成为揭示集成管理系统要素相互融合过程的基本原理。

（2）非线性相关原理。

由于集成中的很多要素存在着显著的非线性相关性，那么，集成要素在同一集成体中就可能不再呈现出明显的逻辑关系，并且简单的线性数学模型也可能无法描述集成管理的内在本质。因此，在集成要素的分析过程中，就需要采用更多的非线性相关原理来分析和研究集成管理对象。

（3）系统界面与功能结构原理。

集成要素间的物质、信息和能量交流是通过集成界面来实现的，集成体的功能也是通过外部响应来反映的。集成界面的性能反映集成要素联系的作用机制，机制的形成是界面选择的结果，界面的形成又由集成要素内在性质与特征来决定。由此，系统界面原理是一种反映集成要素间物质、信息和能量交换及形成机制的基本原理。同时，由于系统结构是集成体内部集成要素间相对稳定的组织秩序，系统功能则是集成体在与外部环境相互联系、相互作用所表现出来的性质与能力，因此，系统界面与功能结构原理就从本质上揭示了集成管理机制形成、功能结构重组的过程原理，并成为一种系统再造与创新的有力手段。

（4）集成效应原理。

集成效应原理是指集成体的整体功效大于各单项要素功效的基本理论，该理论给出了集成要素在形成集成体的过程中相互作用、聚合重组而使得集成系统整体功能得以倍增的基本规律，反映了系统整体大于部分之和的内在原因和系统宏观变化的规律。由于该理论从本质上揭示了集成管理是系统功效倍增的过程，因此，可用于集成管理研究过程的指导工作。

（5）和谐协同原理。

集成管理之所以能够在管理中发挥出更大的作用，其主要原因之一就是集成管理能使系统中的有关要素在系统中具有了和谐有序性，使得系统各要素及其组合之间形成了一种超于一般的和谐状态，这种和谐状态也产生出最大的组合效应，为项目各方也带来了更多的利益。在这过程中，和谐协同原理发挥着重要的作用，这一原理不仅通过创造性的思维将各相关要素整合在一起的，并且通过及时的协调和整合为各要素的结合提供着黏合剂和润滑剂，减少了各方的摩擦，增强了各方的综合效力，从而使整个集成体产生了更大的效能。

3.5 集成管理的组成结构

集成管理是一种效率和效果并重的管理模式，它突出了一体化的整合思想，管理的对象不仅包含人、财、物等传统资源，而且包含技术、信息、人才等现代资源。从集成管理所包含的主要内容来看，集成管理的结构主要由集成目标、集成要素、集成资源和集成方法四大部分组成。

1. 集成目标

与传统模式管理相比，由于集成管理包含众多相关要素，这些要素既有高度的相关性，又有自己的各自特性，因此，在开展集成管理的过程中，就必须预先确定集成管理的目标，明确集成管理的目的。并且，集成管理的目标要与各个要素结合起来，使各个要素在发挥各自优势和作用的同时，又能与集成目标保持一致，而不是从事各自的行为活动。

与比传统管理目标相比，确定的集成管理目标比传统管理目标更具有长远性。在各个相关管理对象的集成管理中，传统的目标管理常常会受到各个管理对象自身所附资源的限制，是以自身利益为前提的；而集成目标管理却通过各个管理对象所附资源的调配和整合，促使管理向更高层次迈进，并最终实现集成管理所确定的预定目标。

2. 集成要素

集成管理就是对各相关管理要素的整合，这些要素包含集成管理的质量、集成管理的进度、集成管理中需要的资源、集成管理中可能遇到的风险等多个要素。因此，集成要素是集成管理中众多相关管理对象的集合体，不仅包含质量、进度、资源等基本要素，而且由于在集成管理中还涉及各种内外因素的干扰和影响，因此，自然环境、作业条件、相关政策与制度、社会状态、市场情况等集成管理的外部环境等要素也会成为集成管理组成的部分要素。

3. 集成资源

与传统管理相比，集成管理的资源不仅包含人、财、物等传统硬资源，而且包含信息、数据、知识、策略、政策等现代软资源。尤其是进入 21 世纪后，信息和技术已成为集成管理最为重要的集成资源。一旦没有信息与技术的支撑，集成管理便无法开展，更无法实现集成管理的目标。

4. 集成方法

在集成管理中，明确了集成管理的对象或要素，有了集成管理的资源后，还无法开展集成管理工作。这是因为，集成管理需要将所有的集成管理对象或要素进行整合，并在一定的集成管理方法指导下，利用集成管理所需要的资源，系统地开展集成管理工作。因此，集成管理的方法就成为集成管理中重要组成部分。

就集成方法而言，目前已有很多方法，如以集成要素为主要考虑对象的全要素集成法，以集成资源成本为主要考虑对象的挣值集成法，对集成所有相关要素进行综合考虑的定性定量相结合的综合集成方法，以集成技术为主要考虑对象的计算机技术与网络融合集成方法等。这些方面虽然都是以集成管理为主要对象，但侧重考虑的内容有所不同。从总体来看，这些各具特点，各有优势，在这些方法的使用中，需要针对集成的目的，采用不同的集成方法，最大限度地提高集成管理的管理效度，取得最大的成效。

3.6　集成管理的主要模式

从集成管理的结构组成可知，若要开展集成管理工作，集成管理就需要将集成目标、集成要素、集成资源和集成方法综合起来，可以说，这四项内容既是集成管理结构的基本组成，也是集成管理必须完成的主要工作。在将这些内容集成的模式方面，目前主要有理念集成、组织集成、过程集成和方法集成这四大类。

1. 理念集成

先进的思想与理念是实现系统集成的前提和基础。在开展集成管理前，按照战略管理战略决定功能、功能决定结构的基本原理，功能与结构就成为集成管理的基本属性，而集成管理的总体战略又来自思想与理念的预先引导，因此，理念集成必将成为集成管理的前导性工作，是一种创造性的思想或理念集成活动。大量集成管理的实践证明，这种活动不仅有利于创造良好的集成管理后期运行环境，而且还有利于减少集成管理中的风险，更有利于提高集成管理资源的整体利用效率。

2. 组织集成

组织是集成管理运作的机制保障，是集成要素间衔接关系的联系者，它产生于专业分工、目标差异、信息黏滞等复杂因素，是集成管理的重要条件。在集成管理中，由于集成管理本身就是众多组织的聚集，因而，集成管理内部形成多个组织就成为一种必然。然而，由于不同的组织结构直接影响着集成管理的效应与水平，同时，随着社会的发展，企业或项目管理组织日益向精益化、智能化、敏捷化、弹性化方向转变，因此，在集成管理中，如何有机地协调好组织与组织间的界面状态、建立起一个全新有效的集成管理组织就成为完成集成管理的关键所在。集成管理的组织依托集成要素进行管理联合，组织模式是否合理、运行机制是否健全有效都将与集成管理的成败紧密相关。

3. 过程集成

不同的集成管理需要有不同的管理方式，不同的管理方式产生不同的管理流程。就管理流程本身而言，其核心是通过程序化的管理步骤，获得更高的集成管理效益，因此，如何在现有的基础上进行更为科学的流程组合与改造，把各种技术与业务流程重组为一个新的有机整体，为提高集成管理水平而更好的服务就成为集成管理中的一项必行工作。特别是对工程项目而言，不同的工程项目中含有不同的内容组分，特别是计算机、通信、网络、人工智能技术等已对项目管理方式与流程产生了革命性的影响，所以过程集成在集成管理中就更显得尤为突出和重要。

4. 方法集成

在集成管理中，集成活动大都是以信息与系统控制为核心的，这就意味着，信息能否得到有效的整合与处理将与集成管理效果好坏直接相关。面对规模较大、结构复杂、因素众多的集成管理对象，特别是大型复杂工程项目，那些与社会、政治、经济、生态等因素紧密相关的工程项目，如何建立起有效的信息处理系统就显得更为重要。因此，将人工智能技术、数据处理技术、数据库技术、计算机技术、通信技术等科学技术与方法综合运用起来，建立起一套全新的集成信息管理系统就成为集成管理中的有效集成方法和技术手段，而如何提出更科学、更有效、更实用的科学集成方法也就成为集成管理中非常值得重视和关注的研究内容。

第4章　工程项目的集成化管理

工程项目中有众多的管理对象，如工程质量、工程进度、工程费用、工程安全与风险等，这些管理对象有其各自的管理内容与特点，在工程项目管理中也有其相对独立的管理模式与方法。但由于任何工程项目管理对象所含内容的完成与实现都在其实施过程中涉及完成的质量、完成的时间、需要的资源、可能存在的安全与风险等众多问题，因此，对工程项目任何对象的管理与控制都需要将质量、进度、费用、安全与风险等众多因素进行综合性考虑。这意味着，对工程项目的管理将是一个综合性的管理过程，这一综合性的特点就将工程项目管理与集成化管理联系起来，因此，工程项目的集成化管理也就成为工程项目管理中不可或缺的一种管理方法。

4.1　工程项目集成管理的内涵

集成管理是一种先进的管理理念及方法，其核心就是强调运用集成的思想和理念指导管理者的管理行为。如果将集成管理运用到工程项目管理中，那么，工程项目集成管理就是为确保工程项目目标的实现，并使项目各项工作能够有机地协调的工作而实施的一种综合性的管理行为。

在对工程项目实施集成化管理的过程中，管理者以工程项目为管理对象，在集成管理思想的指导下，运用统一的管理规则，将工程项目中的众多相关对象集成起来。然后，从工程实际出发，将工程项目各个管理对象的各自任务进行分析，通过科学的组织与安排，统筹协调，综合配置，来实现项目管理效益的最大化。在集成管理过程中，任何工程项目的实施与管理都会不同程度地涉及工程项目的质量、进度、费用、安全和风险等多方面管理因素，任何一种因素的变化将可能会给其他因素带来一定的连带影响，因此，工程项目管理者应综合利用工程项目管理中的各种方法与资源，对工程项目的各个管理对象进行综合性的协调管理。从本质上说，工程项目集成管理就是从项目全局观点出发，以项目整体利益最大化作为目标，通过资源整合与管理对象之间的行为协调来实现工程项目目标的综合性管理活动。

就目前的工程项目管理状况而言，很多工程项目管理者把项目管理人为地割裂为相互独立的几个阶段，这使得工程项目管理产生许多冲突和矛盾，如由于在项目实施中的信息沟通不畅，信息传递过程中失真、漏缺或延误等问题，导致无法对工程项目的有关信息进行统一的管理，进而致使项目决策者不能了解和掌握项目的整体状况，决策过程缓慢，并造成一定的资源浪费，进而给工程项目的质量监管、进度监控、安全管理、风险识别等带来一系列的影响。工程项目集成化管理正是针对这些问题提出的一种新型管理模式，它从整个工程项目的全局出发，以工程项目的整个生命周期为主线，以现代信息技术为手段，以信息集成为核心，实现了工程建设项目参与各方、各种管理方法和技术手段等多要素及其工作流、物流和信息流的有机集成。通过对工程项目实施科学、系统、高效的集成化管理，大幅提高了工程项目的管理水平，提高了工程项目的整体经济效益。大量的工程实践证明，在工程项目管理中，采用集成化管理模式后，能给快速实现工程项目管理目标、实现工程项目最佳效益等方面带来显著的效果。

4.2 工程项目集成管理的特点

工程项目是一个含有众多管理对象的集合体，不论是大型超大型工程项目，还是中小型工程项目，都具有工程结构的系统性、组织管理的层次性、多方工作的协调性、系统工作的复杂性、相关工作的综合性及解决有关问题的创新性等特点。正因为如此，在工程项目的集成化管理中，这些特性也就同步展现出来。

1. 系统性

与传统的工程项目管理方法相比，系统性这个特征在工程项目的集成管理中表现得更加明显，即工程项目管理者不再仅仅单独考虑管理对象本体，而是从系统的角度出发，协调和控制与管理对象相关的所有因素所形成的整体。在这个所形成的集成系统中，对任何对象的管理，都会在对之进行重点管理的同时，将与之相关的因素予以纳入，从系统科学的角度进行全局性的管理。

2. 层次性

不论集成管理系统多么复杂，集成管理系统都将由处于不同层次上的各种工程项目管理对象组成。为了使系统发挥出其整体优势的作用，集成管理就必须协调好工程项目管理系统中各层各种管理对象之间的关系，并使得任何个体都必须服从项目总体和项目目标，这就使得工程项目的集成管理系统具有了层次性的结构特征。

3. 复杂性

工程项目集成管理的要素不仅包含集成系统内部的各种要素，还包含集成系统外部的相关要素，这就使得集成管理要素间的关系变得更为复杂，也使得集成管理变得更有难度。同时，在集成管理的过程中，集成管理系统随内外环境的变化而不断演化，这也使得集成系统在其形成与发展过程中不断地对其层次与功能结构进行重组和完善，从而构建出更为复杂的集成管理系统。

4. 协调性

协调性是工程项目集成管理的另一个显著特性。在工程项目集成管理的过程中，由于众多管理对象存在紧密的关系，如工程项目的资源供应会对工程项目的进度带来影响，而工程项目的进度又会对工程项目的质量和费用产生影响，这意味着，任何一个因素的变化就有可能引起其他管理对象的变化。因此，在管理对象的集成管理中必须做好各种管理对象之间的协调工作，最大限度地减少各种因素给工程项目所带来的阻碍和约束，确保工程项目的顺利实施。

5. 综合性

集成管理最大的特性就是综合性，即综合集成各个管理对象所需的各方面资源，并对协调中出现的有关问题进行综合处理。从管理内容来看，人、财、物、技术、信息等既可以是集成管理的对象，又可以是集成管理中所需要的资源。但不论是管理对象还是管理资源，都需要通过综合性的分析、研究和探讨来解决所遇到的有关问题。

6. 创新性

集成管理是一种对各种要素进行有机整合和重构并实现利益最大化的过程，工程项目中的各种管理要素又具有不同的特点，在整合中又有各种内外因素的干扰和影响，因此，工程项目的集成管理必然会在其管理过程中采用新的方式和管理方法来对管理对象进行管理，对有关资源进行整合。在这个管理与整合的过程中，具有创新性的管理新方式和新方法也就随即产生。

4.3　工程项目集成管理的维度

在工程项目管理的过程中，工程项目的不同阶段所需管理的对象和内容具有很大差异，每个管理对象在不同的阶段又有各自的工作目标，这就意味着，对工程项目的管理将具有显著的多维特性。若对工程项目进行集成化管理，由于集成化管理将对多个对象同时进行综合性管理，因此，若要使得各个管理对象在实现自身目标的同时，与其他相关管理对象实现同步发展，就必须了解和掌握不同阶段、不同管理对象及其不同目标的内涵，而这个内涵的描述就需要从工程项目的管理内容、工程项目的阶段划分及各阶段的主要工作目标等多维角度来予以解析。

1. 管理内容的维度分解

在我国的工程项目管理知识体系中，根据管理对象的不同，工程项目管理包含有工程项目的范围管理、组织管理、计划管理、质量管理、进度管理、费用管理、安全管理、风险管理、资源管理、信息管理、招投标管理、合同管理和综合管理 13 个模块。尽管这 13 个管理对象并不在工程项目的同一阶段同时出现，但只要是工程项目某一阶段所需管理的管理对象，就会被纳入到工程项目集成管理的范围之中，以便通过对这些管理对象之间相关关系的系统性分析，及时发现这些管理对象之间的约束关系，为工程项目的顺利实施提供保障。因此，在工程项目的集成管理中，可以根据不同阶段所需管理的不同对象进行维度分解。

2. 项目阶段的维度分解

工程项目的建设过程一般包括四个阶段，即项目决策阶段、准备阶段、施工阶段和竣工阶段。在工程项目的集成管理中，工程项目是作为一个整体去管理的，但由于不同阶段具有不同的工作重点和必须实现的不同目标，因此，仍需要把不同阶段的工程项目管理对象与管理内容分为几个相应的集成管理集合体，以便科学、合理地分层次、分计划、分重点开展相应的管理工作。

3. 项目目标的维度分解

工程项目的不同阶段有不同的建设目标，如在工程项目的决策阶段，其主要目标是获得批准工程项目建设的立项文件；在准备阶段，则是为工程建设的施工完成所有准备工作；在施工阶段，则是利用工程项目的所有资源，将工程项目从计划变为现实；在工程项目的竣工阶段，是完成工程项目的收尾工作，并将工程项目从建设转到实体运营。但可以看出，工程项目的不同阶段有其各自的目标，这些目标却相互联系、密切相关，前一个目标是后一个目标的基础，后一个目标是前一个目标的深化，并为最终实现工程项目的总目标而共同努力。

同时，从这些目标之间的关系还可以发现，工程项目的最终目标的实现贯穿于工程项目的整个建设过程。这表明，从项目开始实施初始，工程项目的建设目标就被分解到工程项目的决策阶段、准备阶段、施工阶段和竣工阶段，并以每个阶段子目标的形式体现出来。为了避免在工程项目各阶段子目标的实现过程中出现问题，集成管理系统就需要从全局的角度出发，通过对该阶段所有相关要素的系统性分析，对相关各要素进行协调与整合，通过集成化管理这一方式，使该阶段的工程项目目标得以实现。同时，以该阶段实现的目标为基础，为下一阶段目标的实现创造条件。因此，如果管理者以工程项目管理的总目标为管理准则，就可以进行基于目标维度的集成化管理。通过对多个维度目标的分解和分解后的集成化管理，开展相应的工程项目管理工作，为最终实现工程项目总目标奠定基础。

系统描述项目阶段、管理对象和项目目标的多维结构图如图 4-1 所示。

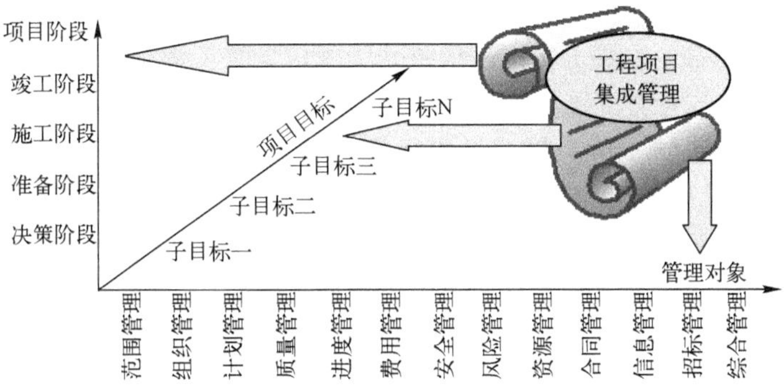

图 4-1　工程项目集成管理的多维结构图

4.4　工程项目集成管理的主要内容

工程项目集成管理是在传统工程项目管理基础上，为提高工程项目管理水平而提出的更加有效的管理模式，因此，它不仅包含了传统的工程项目管理内容，而且更加注重工程项目各参与要素的系统整合。在此整合过程中，与一般性的工程项目管理不同，集成管理将会把工作重点放在工程项目的总体管理与控制、关键点及其界面的管理与控制两大方面。在总体管理中，工程项目的集成管理首先将会结合项目管理需求，制订相应的实施计划。在此基础上，按照预定的实施计划，开展计划的实施工作，并对实施中出现的有关问题进行有效的管理。在对工程项目中的关键点及其界面的管理与控制方面，只是将集成管理的重点放到了具体的某一管理对象，但对该对象的管理也需要制订相应的实施计划，并在此基础上，按照预定的实施计划，开展计划的实施工作，并对实施中出现的有关问题进行有效的管理。因此，工程项目集成管理的主要内容包含综合计划的制定、综合计划的实施和综合计划的控制三大方面。

1. 综合计划的制定

综合计划的制定是指要统一考虑工程项目各专项计划要求，通过全面的综合平衡编制出工程项目综合管理和实施计划。

2. 综合计划的实施

综合计划的实施是将综合计划转变成项目产出物的管理过程，在此过程中，将通过资源的有形转换和无形转换逐步完成项目的预定计划。

3. 综合计划的控制

综合计划的控制是针对工程项目中可能出现的问题，通过协调和控制整个工程项目实施过程中的各项措施，来积极应对各种发生的问题，以确保项目目标的实现。

在开展上述三项主要工作的过程中，工程信息是工程项目实施集成管理的基础，是对项目参与各方开展协调工作的重要依据。因此，在编制综合计划和开展项目集成管理的初始，对工程项目各个管理对象和项目参与各方有关信息的收集、分析、整理、传递和回馈等工作就成为工程项目集成管理的主要内容之一。通过对各个管理对象和项目参与各方有关信息的管理，不仅可以及时发现工程项目管理中存在的有关问题，而且还可以分析产生问题的原因，为快速协调各方矛盾、高效整合各方资源、最终实现工程项目的预定目标提供有力的支撑。

与此同时，为了保障集成管理的有效性，工程项目集成管理对所建立的管理组织也要进行相应的整合，并构建出更加符合项目实际的新的组织结构和组织体系，并制定相应的管理体制和运行机制。因此，组织结构模式、组织管理体制和运行机制也就成为工程项目集成管理中又包含的主要内容。

在集成管理的方法方面，为了提高工程项目的集成化管理水平和管理效率，并对所收集到的工程项目有关信息进行及时有效的分析和处理，工程项目管理者将利用信息管理技术和计算机程序语言，开发出满足工程项目集成化管理需求的信息管理系统。这个系统不仅包含所需管理的各类对象，而且还包含集成管理设涉及的工程资源、管理规则、制度标准等内容。然后通过计算机语言，将预先编写的工程信息处理程序与其他集成管理内容集成在一起，建立起工程项目的集成管理平台，实现工程项目集成管理的计算机化。因此，工程项目集成管理系统的研究与开发也就成为工程项目集成管理中非常重要的内容之一。特别是在当今现代化管理背景下，与传统的人工经验管理方式相比，基于计算机平台的工程项目集成化管理具有更加重要的作用，已成为实现工程项目管理现代化必不可缺的管理工具。

4.5 工程项目集成管理要素

要素是指具有共同特性和相关关系的一组或几组构成事物必不可少的因素，它是组成系统的基本单元，具有一定的结构性和层次性。在系统中相互独立又按一定的关系组成结构，并在很大程度上决定着系统的性质。同一要素在不同系统中的性质、地位和作用有所不同。若系统中某一要素与其他要素差异过大，便会自行脱离或被清除。

很显然，工程项目也是一个系统，而且是一个具有开放性的巨系统。在这个系统中，也就是在工程项目的实施过程中，工程项目的建设过程也是项目要素产生、构成并发挥作用的过程。从普遍意义上来讲，尽管组成工程项目管理的要素各不相同，但一般都含有计划、目标、组织、质量、费用、时间、技术、方法、人员、物质、信息等要素。其中，计划是为了实现预定目标而预先制定的实施程序与规定。为此，中国工程项目管理知识体系就将工程项目管理知识领域划分为工程项目的范围管理、时间管理、费用管理、质量管理、资源管理、组织管理等 13 个模块。其实，这既是对工程项目管理范围的划分，也是对项目管理要素的划分。这一划分为进行项目管理职能的集成、项目管理要素的集成，尤其是进行项目信息分类提供了规范化的指导。由此可以看出，要素的本质实际上也是组成项目必不可少的元素。若按要素在工程项目中所呈现的外在表象而定，工程项目的要素就像项目资源那样，可分为硬资源和软资源，也就是说，在工程项目集成要素的分类上，总体上可分为硬要素和软要素两大类。

1. 硬要素

工程项目的实体是由众多实体物质组成的，如砖瓦砂石、钢材、木材、玻璃、水泥、瓷砖、采暖通风设备、给排水设备、电气设备、通信网络设备等有形实体物质。由于这些物质是工程项目必不可缺的要素，因此，在工程项目管理中，就把此类有形的物质要素称为硬要素。

此外，为了把预先设计的图纸通过这些实体材料建造成实体建筑，还需要依托土地、资金、工具、人员等完成工程项目硬要素的转移。在工程项目中，这些硬要素是组成工程项目的基础，工程硬要素是没有自主意识和行为的，要素的转变也不存在本质上的变化，而只是物理外观上的变化。特别需要注意的是，由于硬要素与工程项目的实体资源直接相关，因此，工程项目计划一旦被批准，项目的投资也就被确定，项目所需的材料、设备等有形实体资源所对应的数量、规格也就通过设计图纸被详细确定，相应地，工程项目中的这些硬要素也就被固定和限制。这一限制使得这些硬要素在工程中只能被有限地使用，并使得硬要素具有了有限性。因此，工程项目集成管理中，对硬要素的管理主要体现在工程项目资源发生冲突后，对项目资源开展的资源协调与配置方面。

2. 软要素

与硬要素相对应，工程项目的软要素是指一些对工程项目管理产生作用的知识、技术、信息、数据、环境、政策、习俗等具有无形性特点的资源。这些资源是项目中必不可少的管理要素。特别是在工程项目的集成化管理中，工程项目的软要素不仅可使工程项目的硬要素实现有效的组合，而且还可以指导工程项目管理者对工程项目进行高效的管理，并实现工程项目的预期目标。因此，从某种意义上来讲，工程项目的软要素更具有较高的价值，也更能发挥工程项目管理方面的作用。

如果将工程项目中硬要素的有形性和有限性相对比，那么，在一定的条件下，软要素就具有了无形性和相对无限性，即工程项目的这些软要素在工程项目若干条件的允许下，可多次重复利用却不增加或微增加项目成本，这使得软要素具有了无限性；但这一无限性的前提是在一定的条件和时间范围内（如项目还未完成），如果失去了这一前提条件，项目所拥有的软要素也就不再具有这一特点。

4.6 工程项目集成管理要素的相互关系

在工程项目管理中，面对众多的管理要素，工程项目管理者不仅需要从工程项目的总体出发，对工程项目进行宏观上的集成管理，还需要从微观角度了解和掌握各个管理要素的特点，以便对各管理对象的相关要素实施针对性的管理。基于这一要求，就需要工程项目管理者在开展工程项目集成管理中，对工程项目集成管理要素进行系统性分析，并准确掌握各要素之间的相互关系，为今后开展各个管理要素间的协调工作提供有效的依据。

1. 软要素与硬要素的关系

工程项目的软要素和硬要素都是项目的组成要素，对于工程项目来说，二者缺一不可、相辅相成、互为基础。在工程项目的实施过程中，工程项目通过硬要素的组合完成项目硬资源的组合，使工程项目变成一个符合项目管理者、投资者和设计者意图的有形实体。在有形实体的建设过程中，必须要有一个有序整合工程硬要素的工程组织与管理系统，使构建工程有形实体并实现其基本功能得到有力的支撑和有效的保障，这个组织和系统的建立就需要软要素作为基础。因此，工程项目的软要素是将工程项目从初始状态转向既定工程目标的内生动力，工程项目的硬要素则是将工程项目从初始状态转向既定工程目标的外生动力。

同时，在推进工程项目前进的过程中，对工程项目的约束不仅有来自工程项目硬要素的约束，还有来自工程项目软要素的约束及软要素和硬要素之间的相互约束。硬要素的约束主要体现在有形资源的缺乏方面，即项目硬要素一旦被使用完毕就应完成相应的工程任务，实现相应的目标。如果硬要素已被使用完而未完成相应的工程任务和实现相应的目标，就需要额外的要素来补助，而硬要素的额外补助一般将超出工程所限定的费用，导致项目超支，并给项目带来直接的多方冲突与矛盾。因此，硬资源要素在工程项目中的增加就常常是被严格的限定，这就需要在项目若干条件的约束下，对有限的硬资源要素重新进行优化、调整和配置，此时，项目的软要素就需要发挥其应有的作用。由此可以看出，工程项目的硬要素和软要素具有不可分割的紧密关系。

2. 集成系统与要素之间的泛性关系

工程项目一旦采用了集成管理模式，就会将所有的管理对象组成一个集成管理系统，因此，工程项目的管理要素就与集成系统紧密联系在一起。在工程项目管理中，集成系统与其要素之间的关系会随着项目复杂程度的不同而不同，例如，当工程项目为中小型项目时，工程项目的管理内容较少，组成的管理系统也较为简单，那么，该系统所包含的要素也较少，要素与系统的关系也就可以通过简单的还原论方法把系统分解为若干部分，通过研究各个部分的关系，就可基本上了解清楚集成系统和各要素之间的关系。当工程项目为大型或超大型工程项目时，工程项目的管理内容较多，组成的管理系统也较为复杂，那么，该系统所包含的要素也就会随之增加，对这类系统及其要素间的关系就不再可以通过还原论来完成对系统的简单分析和认识，其中的复杂关系就需要借助于其他非线性系统的原理与方法去开展更为深度的分析与研究。

对于此类复杂性的集成管理系统，在系统要素组合过程中，不仅包括工程硬要素间的相互组合，而且还包括软要素间的相互组合及硬要素与软要素间更高层次的相互组合。只有通过多种组合，工程项目的各种相关要素才能得到有效的集成，工程项目的有序性和有效性才能得到保障，工程项目才能实现最终的建设目标。但在这些要素的组合过程中，需要注意的是，系统要素间的相互组合作用往往不只是双向的、局部的，而是网络式的、多方交互式的，并且由于系统要素间的高度集成，使得各要素间的作用半径不再是小范围的，而往往具有区域性或是全局性的。系统中某一要素的变化都有可能被逐步放大而造成对系统宏观行为的全局影响，而且这些影响一般难以预先预测。这种状况在直观上让人感到系统中一些事件的原因与结果之间并不是那么直接和明显，而觉得更加的随机和不稳定。因此，对系统要素的分析就成为工程项目管理中最为主要的工作之一。

4.7　工程项目中的主要集成管理对象

在工程项目的不同阶段，需要管理的对象具有较大的差异。如在工程项目的决策阶段，主要分析和管理的对象是工程项目的可行性研究、工程项目的初步设计、工程项目的投资途径和建设规模等内容。在工程项目的准备阶段，管理的对象主要是工程项目的组织构建、工程项目实施方案的制定、工程风险的预测、工程项目的招标投标、工程项目的施工图设计、施工单位和监理单位的选择及工程开工手续的办理、现场的三通一平等工作。在工程项目的施工阶段，主要的管理对象就集中在工程项目质量、进度、费用和安全等方面。在工程项目的竣工阶段，主要的管理对象为工程项目的试运行、工程项目结算及工程项目的验收与移交等工作。不论哪个阶段的重点工作和管理对象，由于这些管理对象之间具有高度的相关性，因此，就需要工程项目管理者对这些管理对象采用集成管理的模式进行管控，以实现工程项目管理效益的最大化。

从工程项目的总体来看，尽管不同阶段有不同的集成管理对象，但工程项目管理者最关注的是施工阶段的工程项目质量、进度、费用和安全四大管理对象。这四项管理对象中任何一项的变化都会给其他三项甚至更多的管理对象带来显著的影响。因此，工程质量与进度、工程进度与费用、工程费用与质量、工程项目的安全与进度、费用和质量等对象的集成化管理就成为工程项目管理者最为关注的集成管理对象。

1. 工程质量与进度

在工程项目实施的过程中，工程质量与施工进度一般呈正向关系，即当工程项目的工期相对于该类项目较为宽松时，往往容易保障工程项目的质量。而当工期较紧时，被忽略的因素就相对较多，工程质量就不易保障。有时为了加快工程进度，工程质量就可能出现更多的问题。

但实际上，工程质量与进度的正向关系也不是绝对的，当在工程项目的实施中引进了若干新技术或新材料或新工艺时，也有可能既加快了施工进度，又能有效保障工程质量。从施工工艺角度看，工程质量不仅与总工期有关，更与每一道工序时间有关。每一道工序时间是否得到了保障将直接关系到工序质量的好坏，最终都会直接或间接地影响工程质量。因此，工程质量与进度的集成管理重点就应该放在施工工艺的工序管控环节之中。

2. 工程进度与费用

在工程项目管理中，一般性的观点是，工程建设工期越长，耗费的费用也越多。从宏观角度来看，这个观点基本上是符合实际的。但在实际工作中，工程进度与费用之间的关系是非线性关系，即进度太快或太慢都会造成工程费用的上升。这是因为，如果进度太快，工程施工就需要赶工，因而必然会增加工程费用；而当工程进度太慢时，工程的间接费用也会增加，从而也导致工程费用的同步增加。因此，在工程项目管理中，就需要在工程进度与费用之间寻求二者之间的相对最佳匹配，以获得工程项目的最佳效益。

3. 工程费用与质量

工程项目质量和费用是最为紧密的相关要素。一般来讲，工程质量要求越高，则工程费用也相对越高。但当工程质量达到一定标准时，工程费用的增加则与工程质量不再成比例，其增减幅度就与工程管理者对工程质量的特殊要求产生一定的关系。对工程项目来说，质量是构成项目价值的本质，是工程项目费用确定与控制的主要因素，但在费用和质量关系的分析中，不仅仅要考虑到二者之间的直接关系，而且还要考虑到由于质量变动对项目费用产生的间接影响。因此，工程质量与工程费用之间的管理就需要从工程项目的整体来进行集成化的管理与控制。

4. 工程项目的安全与进度、费用和质量

不论是工程项目的质量，还是进度与费用，都会给工程项目的安全带来直接或间接的影响。很显然，工程质量低下或出现不合格的质量，肯定会带来安全隐患。如果工程进度过快，为了赶工期，也可能在忙乱中出现安全事故。如果与安全相关的设备维护费、安全设备费等费用不能及时提供，也可能使得工程设备或安全监管出现问题，进而导致安全事故的发生。因此，工程项目的安全与进度、费用和质量就需要采用集成的管理方法进行综合性管理，不能只重视某一管理对象而忽视其他问题。

第 5 章　工程项目集成化管理方法

工程项目是一个含有众多管理对象和管理要素的集合体，这些管理对象和管理要素不仅有其各自的目标和作用，而且相互之间具有一定的相关关系。这意味着，在工程项目管理中，若要实现对工程项目的有效管理，不仅需要对各个管理对象和管理要素进行针对性的个性化管理，还需要采用集成管理的方法对这些管理对象和管理要素进行集成化管理。因此，集成化管理方法就成为工程项目管理中非常重要的管理方法之一。

5.1　工程项目集成管理的基本程序

工程项目的集成管理是一个有计划、有目的、有组织的管理行为，为了实现工程项目集成管理的目的，确保工程项目目标的实现，在工程项目的集成管理中，一般都要预先明确集成管理的对象和集成管理要素，并按照一定的集成逻辑程序开展集成工作。从普适性的角度来看，集成工作的基本程序有以下步骤。

1. 定义工程项目集成管理范围

在开展工程项目集成管理前，必须明确所有集成管理的对象与要素，确定集成管理的范围并编制集成管理的有关规定。目前，开展这一工作，主要采用 WBS（work breakdown structure，工作分解结构）模式，确定的结果必须保证各集成模块间的接口吻合，且不存在集成对象和有关要素的遗漏或重叠。

2. 确认工程项目的集成管理目标

工程项目集成管理的目的是更快、更好地实现工程项目的管理目标，因此，基于工程项目总目标所确定的集成管理目标必须与工程项目总目标相一致，不能违背或与项目总目标相冲突。否则，分解的项目集成模块和构建的项目组织就可能会出现集成管理问题。

3. 分析工程项目的集成管理环境

由于工程项目的一次性和工程项目的差异性特点，工程项目所实施的环境与条件将会随着工程项目的推进而变化。若要实现工程项目管理的有效集成，就必须在及时获取工程项目实时状态信息的基础上，开展工程项目集成管理的内外环境分析，准确掌握工程项目集成管理的内外条件，为实现集成管理的目标提供有力的保障。

4. 建立集成管理网络

在明确工程项目的集成管理对象与管理要素的前提下，即可建立集成管理网络结构和网络系统。然后在集成技术的支持下，对集成网络进行设计并形成集成管理平台，通过平台接口，开展工程项目的集成化管理工作。

5. 收集与整合集成管理信息

项目信息的收集与整合是工程项目集成管理中一项十分重要的基础性工作，只有获取了集成管理对象及工程项目实施过程中的有关信息，才有可能开展集成管理对象的状态分析、问题分析、风险识别和集成管控等工作。因此，在集成管理的工作中，收集与整合集成管理对象的有关信息就成为集成管理的核心工作。

6. 制订和执行集成管理计划

在开展工程项目若干对象的集成管理之前，都需要预先制订集成管理计划，明确需要集成哪些管理对象，集成哪些系统要素，建立哪些集成组织，编写哪些集成规则。在完成这些集成管理的计划编制后，后期就需要执行这些计划，把集成管理工作落实到位。

7. 分析和反馈集成管理效果

在工程项目的集成管理中，由于工程项目具有时变性和动态性，原先制订的集成管理计划可能不能满足工程项目的管理需求，因此就需要在对工程项目进行集成管理的过程中随时回馈集成管理的效果，并对这些效果进行即时分析。如果出现与项目预定计划的偏离，就需要重新编制或修改集成管理计划并予以执行，使工程项目获得预期的集成管理效果。

8. 开展集成效果评价

在工程项目集成管理工作结束后，应对所有集成管理所做出的决策进行后评价，并以此为依据，对项目集成系统有关规则进行进一步的修正和完善，为今后提高工程项目的集成化管理水平提供科学有效的依据。

工程项目集成管理的基本程序如图 5-1 所示。

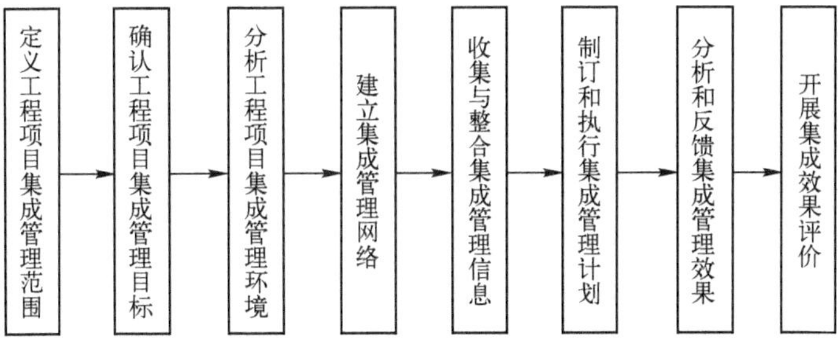

图 5-1　工程项目集成管理的基本程序

5.2 工程项目的集成管理框架

在工程项目的集成管理方面，基于计算机的信息管理系统是工程项目开展集成管理的主要技术。应用这个技术，不仅可以利用计算机硬件、软件、网络通信设备及其他办公设备，对工程项目集成管理的有关信息进行收集、储存、传输、加工、更新和维护，为工程项目各层组织和管理者提供及时、准确、完整的工程信息，而且还可以通过这些信息将所有需要集成管理的对象联系起来，形成一个集成管理的组织系统，使得工程项目的集成管理具有系统性、全面性和层次性的特征，满足工程项目的集成化管理需求。因此，从这一角度来看，开展工程项目集成管理的平台就需要包含工程项目的集成管理对象模块、组织管理、信息管理、决策管理、资源优化等内容，而这些内容也就形成了工程项目集成管理的基本框架。

1. 管理对象模块

对工程项目进行集成管理之前，必须明确集成管理的对象。由于多个管理对象可以组合成多个集成管理的模块，因此，预先确定集成管理包含的所有管理模块就是工程项目集成管理前所需开展的首要工作。

2. 组织管理

组织管理是开展集成管理的充要条件之一，它包含工程项目所需构建的组织部门、组织结构、组织制度、管理体制和运行机制。在此基础上，还需要明确各组织的管理层级与相互约束关系，赋予相应的职责与权力。

3. 信息管理

信息管理是开展集成管理的必不可缺的前提条件，也是开展集成管理工作的依据。通过信息的采集、存储、分析和处理，不仅可以让工程项目的各级组织和管理人员阅览和获知工程项目的实施状态，而且还可以获知问题的发生发展和分布规律，分析和预测工程项目可能出现的问题以及今后的发展趋势，为项目管理和集成分析提供科学依据。

4. 项目决策管理

在工程项目的集成管理中，需要对很多问题进行快速的分析和处理。如果依旧采用人工处理方式，则无法满足工程项目的管理需求。更重要的是，面对工程项目多要素集成后所产生的大数据，更需要现代化的数据处理方式来解决集成管理中所出现的有关问题。因此，在工程项目的集成管理中就需要融入多种数据处理软件和系统管理软件，如专家决策系统、统计分析系统、图像处理和绘制系统、计算机辅助设计（computer aided design，CAD）软件、计算机辅助工程

（computer aided engineering，CAE）软件、计算机辅助图形化工程软件、计算机仿真模拟软件等。

5. 资源优化

集成管理不仅是对各个管理对象之间有关问题的协调与优化，而且还需要对有关资源进行重新配置，以满足集成管理的需求。但由于工程项目中的资源种类繁多，用途差异也很大，因此，就需要基于资源优化这一平台，开展基于集成管理优化结果的项目资源再分配，以便使得工程项目的有关资源要素能够快速整合，为工程项目的集成管理奠定基础，创造条件。

6. 扩充接口

在工程项目的集成管理中，由于工程项目是一个开放系统，时常受到项目内外因素的干扰和影响，这就需要工程项目管理者紧密结合工程实际，及时开展必要的资源重组或管理对象重组，并确保重组后的集成信息能够实现信息交流。因此，在集成管理系统中必须留有确保项目能够快速适应项目内外部变化的扩充接口，给集成管理提供必要的调整与优化空间。

5.3　工程项目集成管理技术组成

在开展工程项目的集成化管理中，由于工程项目集成化管理的复杂性和工程项目内外环境的变化性，使得工程项目不断涌现出大量的信息，这些信息中既有有价值的信息，也有无用的信息。但对于工程项目的集成管理来讲，首先需要完成的工作就是这些信息的收集，在此基础上才能通过信息的辨识和处理，获得有价值的信息，为工程项目的集成化管理提供有力的支撑。由于信息的海量性，就需要借助很多先进的科学技术和计算机软件来完成。因此，了解和掌握工程项目集成管理的技术组成也是开展集成管理工作的必修知识。

从工程项目集成化管理的内容及其所开展的工作需求来看，工程项目集成管理的技术组成需包含制定集成工作的各种技术、获取集成信息的技术、集成信息的分析技术、建立集成管理系统平台的技术及其他相关辅助技术。

1. 制定集成工作的主要技术

在开展工程项目集成化管理工作前，需要定义集成管理对象，建立集成管理组织，生成集成管理规则，制定集成管理策略，建立集成管理对象逻辑关系和集成管理的计划和进度表，规划集成所需资源，建立信息系统和数据库等工作。因此，与这些工作相关的 WBS 分解技术、数据库技术、网络计划编制技术、逻辑推证技术等就成为集成管理所需的技术。

2. 数据采集存储技术

开展集成管理离不开集成管理对象的信息和数据采集，因此，信息采集的技术、系统的网络接口技术、数据的传输与存储等技术也是集成管理所需的技术。

3. 信息分析处理技术

获得集成管理对象的信息后，就需要对有关信息进行处理，如接收和分析现场图像，自动生成数据报表，绘制管理对象走势曲线等。只有有了这些分析结果，才能为工程项目管理者开展集成管理提供技术保障。

4. 集成系统平台

目前，集成管理系统有多种开发平台，如 Windows Server 或 IEcore、Linux、PARPLAT 等。不同的平台有不同的系统设置语言要求，也有不同的计算机语言要求。因此，建立工程项目的集成管理系统平台要从实际出发，选择合适的集成管理平台支撑技术，确保所建立的集成管理平台具有很好的兼容性。

5. 其他辅助集成软件

除以上集成管理所需的专业技术外，由于工程项目的集成化管理需要若干专业软件的技术支持，如计算机辅助设计软件、计算机辅助工程软件、计算机辅助图形化工程软件、计算机仿真模拟软件等。因此，工程项目管理者还可根据项目集成管理所需增加其他若干软件，以满足集成管理所需。

5.4 集成管理技术

集成管理技术是以科学技术为手段，对管理对象进行综合化管理的一种方式。以工程项目管理为例，由于在工程项目的管理过程中，不仅需要对项目组织进行新的组合，而且需要结合工程管理所需，对工程项目中的有关信息、管理模式、实施程序、合作方式等进行新的优化和调整。而在优化和调整过程中，就需要若干相应的科学技术作为分析问题和解决问题的方法，这些技术也就成为工程项目管理中的集成管理技术。

就目前情况来看，在工程项目管理中，当管理者需要对不同的管理对象进行集成管理时，常采用不同的侧重方法。如在信息集成管理方面，常采用三类集成技术来实现项目组织间的信息共享。这三类集成技术分别是：一类是 3C 技术，即计算机（computer）技术、通信（communication）技术和控制（control）技术；二类是引进和采用机械、电子等行业广泛使用的产品数据、工艺数据和制造信息技术，以解决工程项目的技术数据集成问题；三类是利用项目计算机辅助测量技术、计算机辅助设计技术和计算机辅助制造技术来解决工程管理中的质量、进度和安全监管等综合性问题。而在计划制定、目标分解方面，多采用 WBS 技术和 ERP 技术。WBS 技术是在项目目标分解结构、组织分解结构和资源分解结构中常用的一种技术，它通过逐层对象的分类分解，将工程项目管理对象分解成最小的管理单位，以使得管理行为之间的相互影响最小化。ERP 技术是有效提高企业管理效率的一种技术，通过这种技术，可以提高管理者分析和处理工程项目计划的能力，极大提高工程项目的管理水平。

在管理流程和资源供应链管理方面，业务流程再造（business process reengineering，BPR）技术与供应链管理（supply chain management，SCM）技术则常被采用。在集成管理中，工程项目管理者可以借助 BPR 技术对项目管理流程进行重新思考和流程再设计，从而使工程质量、成本或进度得到进一步的改善。同时，运用 SCM 技术可以把项目的材料、运输直到完成项目并付之运营的全过程集成起来，以提高项目整体管理的效率和效益。

在项目决策方面，目前也有很多新的集成管理技术，如 P3（Primavera Project Planner）技术、项目管理信息系统（project management information system，PMIS）技术等，特别是 PMIS 技术已在工程项目管理中赋予了许多新的含义，它基于集成管理这个平台，为项目参建各方提供了一个快速、回馈的集成化管理信息系统，使之可以对项目资源进行优化管理，有效控制工程投资，统一工程管理规则，促进各方协调合作，进而帮助工程项目管理者做出科学的决策。由此可以看出，集成管理在某种程度上也是一个多技术的融合体。

近几年来，随着科学技术的不断发展，在工程项目管理领域又出现了更多的集成技术，如计算机信息系统、虚拟组织、集成平台技术等。

1. 计算机信息系统

在工程项目的集成管理中，计算机信息系统是一个面向项目参与各方的管理平台，它以计算机网络技术为基础，为完成工程项目的管理目标，给项目参与各方从一个更为宽阔的视角提供了一个信息共享平台，是在网络基础上的计算机应用新形态。这个集成技术具有三个显著特点，一是面向项目群体活动，即支持承担共同任务的群体成员进行人机交互，人员之间的交互，特别是人员之间跨越时间和空间的交互也可实现，因此，它为项目群体成员提供了一个共享环境和一个方便的交互界面。二是面向任务，即支持群体成员并行、同步地解决多方面的问题，协调和指导各方共同完成任务。三是面向信息整合，即信息通过各方的分析与回馈，得到了进一步的检验和校正，这使得信息之间的匹配度更高，为项目管理者提供的信息有效性和可靠性也更高。

2. Groupware

Groupware 是利用信息技术将设计过程与工程项目实施过程统一起来，利用电子编码传递系统信息，它可以通过某种形式的网络连接，直接与生产活动结合起来，并在计算机屏幕上呈现出工程项目实施状态的实际情况。这种集成技术除了能获取与设计和施工相关的信息外，还可为工程项目的有效管理提供相关的分析结果，为工程项目管理者开展项目决策提供依据。如在项目目标的管控方面，它能将项目计划和质量控制、成本核算等联成同一系统，能将资源需求统计出来，为管理者进行综合管理服务。

3. 虚拟组织

随着现代化大生产的不断出现，对工程传统单一对应性的管理模式已无法满足现代化集群项目的管理需求，特别是专业管理人员，已无法满足即时的现场全面监管。因此，为解决这一问题，基于网络的虚拟组织便建立起来，并通过广泛的实践应用与完善，已成为工程项目集成组织管理中的有效方法之一。

在工程项目的集成管理中，虚拟组织是指不同团队或群体在共同目标的基础上按照一定的方式，为实现资源共享和技术互补所建立起来的相互联系的管理系统，其最明显的一个特征就是解决问题的网络化。当工程项目中出现问题时，可通过网络迅速召集所有项目相关人解决项目中的问题，不受地域与空间约束地进行分析与研究。因此，这一组织形式不仅打破了传统组织的界限，优化了项目内部组织，扩大了项目与外部的合作关系，而且还可以在资源和技术上进行互补，最大限度地发挥了各方的优势，大幅提高了工程项目的管理水平和管理效率。

4. 计算机集成系统

计算机集成系统主要包括计算机网络、协同工作环境、数据库系统及数据仓库和决策支持系统。它以计算机为核心，以数据库管理系统为连接链，构建了工程项目管理集成平台。在此基础上，再开发适应项目参与各方的用户子系统。在这个系统中，由于信息数据的属性差异，不同数据将在系统内分类存储，通过数据处理程序，再将各方数据经过一定的汇总提交到集成平台的项目数据库服务器中，各方输入账户和密码后，可在集成平台上开发数据挖掘工具和数据综合查询工具，供项目各参与方进行数据查询。

5. 集成平台技术

集成平台技术是近年来用于信息系统集成的一种先进的计算机软件技术，是一个支持复杂信息环境下信息系统开发、集成和协同运行的软件，它为异构分布环境下的应用提供了透明一致的信息访问和交互手段，使应用软件不再依赖于特定的硬件、操作系统、网络协议和数据库管理系统，并为用户提供了通用的应用编程接口和图示化界面，方便用户使用，保证所开发的软件具有高度的可重用性。目前，在工程项目管理中，将集成平台技术应用于工程多项目中，可为多项目管理中的各种数据、系统、过程等多种管理对象的协同运行提供各种公共服务及运行时的环境支持，全面提高集成管理的有效性。

6. PIT 技术

程序索引技术（program index technology，PIT）是一种基于 Internet 技术的信息沟通程序，它可对工程项目信息进行有效的组织与管理，并通过个性化的用户界面和用户权限设置，为在地域广泛分布的各管理人员提供一个安全、高效的信息沟通环境，并有利于信息集成和集成管理的实施。在集成管理中，它以工程项目为中心，对项目信息进行有效的组织与管理，目前已成为许多工程建设企业实现多项目集成管理的核心技术，是电子商务技术在建筑业中应用的具体表现。

7. IES 集成

信息交换系统（information exchange system，IES）是实现工程项目内各种信息系统进行数据交换的集成管理技术，其目的是把另外一个计算机系统的数据植入到项目的计算机管理系统中来，进而完成信息的统一与协调。但这个系统与其他信息系统有着很大程度的不同，它常在工程项目实施过程中，针对管理所需，主动从一些外部系统或子系统调用所需数据，以便对工程项目实施最佳化管理，这个过程就是工程项目的集成管理过程。这种集成不仅意味着不断从这些外部系统或子系统内获取数据，调运到 IES 系统中为项目管理提供最佳化服务，而且该系统所产出的信息和数据也同时可以转移到其他与 IES 系统连接的控制器内，完成应用程序所规定的操作，因此，这种集成技术比其他集成技术对信息的处理、调配和控制有着更高的要求。

在这个集成管理中，数据库 DB（database）是 IES 系统数据交换的集中地方，在数据库和用户之间有一个被称为数据库管理系统（database management system）的软件接口，以处理用户对数据库的操作请求，并允许用户对安全性和数据完整性请求进行控制。中间件是处于两种或多种软件之间（通常是在应用程序和操作系统、网络操作系统或数据库管理系统之间）传递信息的软件。其中，网络是实现传递的基础，IES 系统之所以需要网络，是因为系统结构因网络而灵活。如果计算机被移动，利用现有网络基本设施可以轻易地重新建立网络连接而无须重新布置通信电缆连接；同时，网络还使 IES 系统对显示器的管理和应用更为简便，并为不定期访问工作站提供了快速高效的管理方法。

8. 建筑集成管理系统

建筑集成管理系统是指使用 Matlab、Basic、Fortran 和 C 语言、Java 等语言为工程项目集成管理而编写的专用软件包。其中 Matlab 是目前最流行的高级科学计算语言，是集计算、可视化、编程为一体的工程分析和编程工具。它属于科学计算与控制类工程应用软件包，是第四代计算机语言。由于 Matlab 提供了各个领域使用的 Matlab 工具箱，包括通信、控制、图像处理、统计分析、优化理论、模糊逻辑、系统辨识等大量现代工程技术科学内容，建筑集成管理系统可以采用其中的相关部分就能完成系统的应用程序编程和系统组态，因而在集成管理中得到了广泛的应用。此外，现在市场上还可以见到用Java语言编写的建筑自动化系统集成软件，它是一种类似C++语言的面向对象的可以在各种平台移植的编程语言，是编写Web应用程序有利的工具。

9. 工程设备监控系统

目前，为了使工程项目集成管理得到更好的管理效果，市场上出现了一些基于自动化控制系统的图形化编程工具，它们都是模块化的软件，可以独立操作、仿真调试，也可下载到控制器和上载到中央站。按照功能的分类，这类软件可以划分成两大类，一类被称为系统工程应用软件，可用于快速生成和仿真设备监控系统、安全防范系统、火灾自动报警系统的应用程序，并使三类系统的控制器在各自的系统中自动运行。另一类被称为网络工程应用软件，用于组建建筑集成管理系统，包括服务器、数据库和工作站。应用这些工程软件，用户可以在Windows环境下系统地选择控制系统图形元件，如照明、暖通空调、变配电、出入口控制、火灾自动报警、消防联动等系统，生成控制系统原理图和控制程序，包括控制策略和开关逻辑。并且，根据系统实际运行情况进行系统配置，保证软件编程过程不发生错误，使编程工作快速有效地完成图形化操作。更重要的是，用户可以在不需要具备编程语言方面知识的情况下，即可完成系统应用程序的全部编程工作，因此，这一集成软件的应用给工程项目的集成化管理带来了极大的方便，也有力地促进了工程项目集成化管理的进步与发展，具有非常好的应用前景。

5.5 工程项目集成管理的模块化

在工程项目的集成管理中，由于对管理对象的集成化管理是在明确管理对象的基础上，基于管理对象的有关信息，利用各种针对性的技术与方法，在各参与方的共同努力下，有效解决工程实际问题的过程，因此，工程项目的集成管理就必然会包含信息集成、方法集成、过程集成和参与方集成四个部分。其中，信息集成主要是在工程项目若干问题的分析与决策过程中，针对所有相关的信息要素进行有效整合的过程。这一过程不仅可以有效解决传统管理中信息孤岛的问题，而且可以实现信息的高效共享、交换和检验，确保集成管理中所用信息要素的真实性和可靠性。方法集成是为了针对性地、有效地解决有关问题而进行的集成。在此集成过程中，工程项目管理者将会结合所需解决问题的缘由来确定解决问题的方法。如果解决的问题具有综合性特点，就采用综合性的方法。如果解决的问题需要多技术的支持，就将相关技术进行有效的整合，并确定多种技术的集成条件与使用规则。参与方集成是为了使项目各参与方在问题的分析和处理中实现目标的一致性而进行的集成。在此集成过程中，参与方常常通过规则约束和信息交流来完成新的思想整合，以保证决策结果的一致性，这些规则包括项目合同、管理制度、运作程序等。然而，在工程实际中，参与方集成常被包含在组织集成中，并与目标集成一同考虑，而不会进行单一性的参与方集成，其主要原因就是参与方的变动将会涉及很多组织因素的变动，因此，现在更多的是通过组织集成替代参与方集成。过程集成是连接信息集成、方法集成和参与方集成的重要环节，是在完成信息集成的基础上进行的协调、消除过程中各种冗余和非增值的过程及由人为因素和资源问题等造成的一切障碍，因此，过程集成一是必须以信息集成为基础，二是必须有方法集成为手段，三是必须有参与方集成作保障。可见，虽然这四个集成有其各自的含义，但却是紧密相关的。

针对这些不同要素的集成，为了使集成管理简单化，人们常把复杂的管理对象分解并模块化。模块化就是把一个复杂系统分解为若干个独立的模块，各模块具有特定的功能并独立完成分配的任务，而且各模块还可以分解为相对简单的具体活动，整个系统的功能又通过对各模块进行功能整合得以完成。因此，模块化就可把复杂的结构简单化，把复杂的系统逐层分解为简单的子系统，从而使项目易于实施。对于工程项目的集成管理来讲，工程项目一般可以按照功能需求分解为多个功能模块，并按照系统功能将所有模块构成以模块为单元的模块化网络组织，通过功能模块间的合作完成整个项目的集成管理。因此，这种模块化集成管理，就可极大地提高工程项目的信息集成、方法集成、过程集成和参与方集成的集成化管理水平和管理效率，为实现工程项目的预期目标提供有力的保障。

5.6　工程项目集成管理的信息化

工程项目管理包含的管理内容较多，组成结构也较为复杂，在对工程项目进行集成化管理的过程中，不仅需要很多相关技术的支持，而且需要项目参与各方的紧密配合，这就需要在构建工程项目集成管理系统前，研究和确定工程项目全生命周期集成化管理系统所应包括的有关内容，提出研究和构建工程项目集成管理系统的具体思路和完整框架。然后在有关技术的支持下，进行集成系统设计，划分各个子系统模块及系统边界，明确各子系统模块的功能和工作范围。在进行系统设计和各功能模块的开发时，要充分利用现有的工程项目信息管理系统，确保与其他相关系统的兼容性和匹配性。对于需要重新开发的新模块，应本着合理规划、注重实用、易于操作、性能可靠等原则进行开发。同时，在开发集成系统的过程中，要紧密结合典型工程项目集成管理的实践结果，通过工程实际验证，进行系统功能的不断改进和优化，为最终形成有效满足工程集成管理需求的系统平台创造条件。

在工程项目集成管理系统开发的过程中，由于工程项目集成管理系统将利用数据共享技术实现各种过程的集成，因此，数据共享技术是实现数据共享的关键，数据库的构建就成为工程项目集成管理系统开发的基础和核心。工程项目集成管理系统中的数据库主要是用于存放在工程项目实施过程中所发生的大量的且需要长期存放的数据，这些数据由专门的管理软件进行存储和规整，以保证数据的一致性、完整性和安全性。在此基础上，集成管理系统可将数据库的这些信息通过集成化软件的及时分析来为项目管理者提供项目实施状态的即时信息，为集成管理与项目决策提供服务。由此可以看出，工程项目的集成管理过程已被工程信息全部信息化，是典型的信息化数据处理模式。因此，在对工程项目开展集成化管理时，采用集成管理的信息化处理模式已成为当前集成管理的重要手段，这也就是在工程项目的集成化管理中，需要设计和开发工程项目集成管理信息系统的原因所在。

第6章　工程项目集成管理系统

在众多集成管理技术中，基于计算机技术所建立的集成管理信息系统或集成管理平台是当前集成管理最有效的方法，这是因为，建立的集成管理系统不仅可以帮助工程项目管理者快速了解和掌握工程项目的宏观状况，明确集成管理的主要对象和相关要素，而且在工程项目集成管理对象的信息收集、存储、分析、预测等方面，也能实现快速高效的集成管理。若在集成管理系统中融入了多要素分析软件，还能基于管理对象的集成管理需求，开展多要素、多资源的重新组合与配置，为实现更加有效的工程项目集成管理提供技术支撑。因此，了解工程项目集成管理系统及其设计与开发方式就成为工程项目管理者需要掌握的技能之一。

6.1　集成管理系统

工程项目集成管理系统是以工程项目集成管理对象为主体，以计算机为主要工具，对集成管理对象的信息采集、信息传递、信息存储、信息加工和整理、信息分析和处理、信息输出和反馈等若干工作进行系统化、逻辑化、程序化和集成化处理的综合体系。在集成管理对象信息的整个处理过程中，它以所获得信息数据为依据，基于预定的对象基准及分析或判断模型，通过信息数据间的相互对比，就集成管理对象的所处状态给出相应的评价，为工程项目管理者和决策者及时了解和掌握工程项目的实施状态提供科学依据。

在工程项目的管理中，工程项目包含较多的管理对象，每个管理对象又有自身的特点，这就需要采用不同的管理方式来管理不同的对象。同样，在构建工程项目集成管理系统时，也就需要建立不同管理对象的集成管理系统。因此，从理论上来讲，结合工程项目集成管理所包含的对象，一个较为系统全面的工程项目集成管理系统应包含工程质量、工程进度、工程费用、工程安全、风险识别、风险预警、合同管理、物资管理、能源管理等工程项目的各个方面。系统所包含的功能不仅能够及时处理工程项目的有关信息，而且还能通过对信息的分析，给出工程项目各个管理对象所处状态的即时判定，为工程项目管理提供相关依据。当一个系统过于庞大时，可能会给系统的安装和使用带来其他一些问题，因此，在工程项目实际使用中，很多管理者就以这些管理对象为目标，分别构建多个子系统。这样，在工程项目集成管理系统方面，集成系统就被划分为工程质量集成管理系统、进度集成管理系统、费用集成管理系统、安全集成管理系统、工程资源集成管理系统、项目组织集成管理系统、项目计划集成管理系统、项目信息集成管理系统等多种类别，以满足工程项目不同集成管理的需求。

此外，为了使工程项目集成管理系统更好地发挥作用，目前还出现了多种工程项目集成管理的辅助系统，如工程项目指标分析系统、指标权重确定系统、指标与权重动态修正系统、工程状态判定系统、工程仿真模拟系统等多种集成管理辅助系统。这些系统与工程项目质量、进度、安全、费用等系统集成起来，形成无缝链接，可以构成一个功能更为强大的工程项目集成管理平台，为工程项目的集成管理发挥更大的作用。但从集成系统的实际应用效果来看，尽管集成系统中包含了若干辅助系统后，可以提升集成管理的能力，但也会因系统过于庞大而降低系统运行效率，出现信息冗余和滞后等问题。因此，设计和开发何种规模的工程项目集成管理系统，还需要从工程实际出发，不能一味地求全求大，给工程项目实现科学高效的集成管理带来不利影响。

6.2 系统功能分析

工程项目集成管理系统的功能是指开发的系统应具有完成系统集成管理工作的能力，是为了实现系统集成管理目标所需具备的主要条件，如信息收集功能、信息处理功能、信息存储功能、信息转换功能、图像绘制功能、数据查询功能、结果判定功能、资源配置功能、管理对象集成管理效果分析功能、集成管理效果评价等功能。在设计和开发一个集成管理系统前，必须了解和掌握拟集成管理系统需要具备怎样的功能才能满足工程项目的集成管理需求，因此，系统的功能需求分析就成为集成管理系统开发前必须开展的一项重要工作。

集成管理系统需要具备哪些功能主要是由工程项目集成管理需求决定的。在开发工程项目集成管理系统时，为了解工程项目的集成管理需求，首先需要开展必要的调研工作。在此基础上，依据调研结果，了解和掌握工程项目集成管理系统需要解决的具体问题。围绕这一问题，即可明确拟开发系统应具有的功能。据此，集成管理系统的功能需求分析就应包含以下几个步骤。

1. 开展功能需求调查

针对拟开发的集成管理系统，系统开发者首先需要明确系统开发的目的。为达到这一目的，使开发出的系统能够满足使用要求，就需要系统开发者对拟建工程项目的集成管理需求进行调查。在调查中，既可以对相关用户进行访谈和咨询，也可以设计调查表请用户填写，还可以查阅与系统开发有关的工程记录文本、原始单据和报表等资料。通过调查，不仅要详细了解工程项目的有关工作流程，还要了解用户使用系统的目的和拟解决的各种主要问题及用户在工程中获取信息的方式、处理信息的方式、信息的输入输出方式、信息的输出格式等要求，为下一步确定系统所需具备的功能提供实证依据。

2. 明确用户对系统的功能要求

在完成系统功能调查的基础上，系统开发人员应依据调查结果，详细分析用户对系统的各种要求，包括系统的集成管理功能种类、集成管理问题的处理方式、系统的性能要求、各功能之间的相互关系、系统的可靠性和可用性等需求。通过这些分析，明确各功能所包含的内容及实现各功能所需要的相关组成，给出拟开发系统所应具备的功能清单，确保今后开发出的系统具有功能完备性。

3. 确定系统的功能需求

在明确系统用户所需功能的基础上，从业务管理流程和集成管理系统的角度来确定系统的功能需求，如使用需求（系统需要做什么）、性能需求（系统要达到什么指标）、环境需求（系统的机型和操作系统）、可靠性需求（不发生故障的概率）、安全保密需求、用户界面需求、资源使用需求（软件运行所需的内存和中央处理器要求）、软件成本消耗与开发进度需求等。在此基础上，确定哪些功能由计算机完成，哪些功能由人工完成。那些必须由计算机完成的功能就是系统应该具备的功能。同时，由于系统的各种功能是由其内含的各子功能实现而实现的，因此，要逐步细化所有的系统功能，明确各功能及其所含子功能之间的接口特性和设计限制，确定各功能之间的逻辑关系，并同步剔除不合理的功能，增加需要的功能。从系统整体角度做出合理的选择与取舍，提出集成管理系统功能结构组成及其结构模型，为系统的进一步开发构建出系统功能的结构框架。

4. 编写需求分析报告

在完成集成管理系统功能分析之后，要对功能分析结果进行汇总，说明系统开发的目的、范围和定义，系统、逻辑、条理地编写出集成管理系统功能说明文档，对系统功能进行具体描述，并就各功能之间的关系进行详细阐述，配置必要的图表，避免系统功能的模糊性和不准确性，同时确保满足工程项目业务管理的需求。报告应以用户易于理解的方式组织编写，确保报告内容能够准确完整地表达用户对拟建集成管理系统的功能需求，编写出的报告要得到用户的认可和确认。

6.3　系统结构分析

工程项目集成管理系统是由多个功能模块组成的复杂系统，这些模块按照一定的规则形成系统的整体结构。由于不同的结构会对系统的运行效率和管理维护产生不同的影响，因此，在设计工程项目集成管理系统前就需进行系统结构分析。

目前，集成管理系统结构主要分为 C/S 结构和 B/S 结构，两种结构各有特点，使用所需的环境与条件也各不相同。

1. C/S 结构

C/S 结构即 client/server（客户-服务器）结构，该结构将应用程序一分为二，远程服务器作为数据库，主要负责数据管理；客户机安装相应的软件程序，完成与用户的交互任务。前端是客户机（client），即用户界面（user interface，UI），通常由个人计算机担任。它结合了表示层与业务层的逻辑关系，通过接收用户请求，转发至服务器来完成其后台工作任务。后端是服务器（server），即数据管理，它将数据提交给客户端，客户端再将数据进行计算并将结果呈递给用户。采用这种系统结构时，要求开发者自己处理事务管理、消息队列、数据的复制和同步、通信安全等系统问题，这对应用程序的开发者提出了较高的工作要求。虽然 C/S 结构在技术上已趋近完美，并具有开发费用低、开发周期短、数据交互性强、存取模式安全、网络通信量低、响应速度快等特点，可为多个客户同时访问同一个数据库的操作请求提供良好的物理环境。但是，面对程序技术的日益发展和功能需求的不断提高，C/S 结构也出现了若干不足，如 C/S 结构对客户端软硬件的要求高，服务器端的硬件必须有足够强的数据处理能力才可以支撑整个平台的正常运作。C/S 结构兼容性差，不同开发工具开发出来的应用程序不能很好地移植到其他平台上去。此外，当用户数量增多时，可连接用户数有限，其使用性能会明显下降；开发后系统升级维护复杂，如果应用程序需要更新升级，那么每个客户机上的应用程序都需要重新安装。

2. B/S 结构

B/S 结构即 browser/server（浏览器-服务器）结构，它是随着互联网技术的兴起而产生的，是对 C/S 结构的一种变化和改进。通常情况下，服务器端的主要任务是进行事务处理和业务操作，然后利用 WWW 互联网技术，安装多种 Script 语言和 ActiveX 插件，构造一种全新的软件系统，客户端通过浏览网页的形式来对服务器端的应用系统进行访问操作。与 C/S 结构不同的是，B/S 结构采用了三层结构模式，即在数据管理层和用户界面层增加了一个中间层。这种三层结构伴随着中间插件技术的成熟而兴起，其核心作用是利用中间插件，将应用系统从逻辑角度出发划分为表示层、业务逻辑层和数据存储层。中间插件作为构造三层应用系统的基础平台主要提供以下功能：负责客户机与服务器、服务器与服务器的连接与通信；实现应用软件与数据库的高效交互；提供一个三层结构应用系统的开发、运行、部署和管理平台。这种三层结构在层与层之间相互独立，任何一层的改变都不会影响到其他层的正常运作。在基于 B/S 结构的应用系统中，用户可通过浏览器向分布在互联网上的多家服务器发出请求，服务器对浏览器的请求进行相关处理，将用户所需要的信息返回到浏览器，而其余工作如数据请求、加工、结果返回及动态网页生成、对数据库的访问和应用程序等全部由 Web 服务器来完成。由此可以看出，B/S 结构的主要特点是分布性强、维护方便和共享性强。然而，它的主要缺点是对服务器要求过高、数据安全性较低、软件个性化较强、数据传输速度慢等，同时这些弊端也难以实现传统 C/S 模式下的某些特殊要求。

综合上述优劣情况来看，C/S 与 B/S 的差异性主要体现在以下几点。

（1）硬件环境不同。C/S 结构建立在局域网上，通过专门服务器提供连接和交换数据服务。广域网通过虚拟专用网技术实现安全、快速的网络构架，主要面向企业级的产品应用和固定的系统用户群。B/S 建立在广域网基础上，有比 C/S 更广阔的适用范围，一般只需要操作系统和浏览器即可，主要面向众多互联网络的系统用户群。

（2）层次结构不同。C/S 应用软件一般采用两层结构，而 B/S 则是采用三层结构。它们的不同之处在于前者的客户端参与运算，而后者的客户端不参与运算，只是处理简单的收发请求。由于三层结构中的客户端并不参与计算，所以客户端对个人计算机的配置要求也比较低。尽管 B/S 采用逻辑上的三层结构，但其物理网络结构仍是环形网或以太网搭建的。因此，第一层和第二层之间的通信、第二层与第三层之间的通信都会占用同一条网络线路，从而导致通信总量增大。而拥有两层结构的 C/S 模式只包括客户端和服务器端之间的信息流，网络通信量势必会减小。所以，C/S 结构在处理大量信息能力方面要比 B/S 结构稍强。

（3）处理模式不同。B/S 模式的处理方式与 C/S 模式相比，简化了客户端的安装构件，只需在客户端上安装好操作系统、网络协议及浏览器即可。而 C/S 模式则不然，它不仅要求所有客户端都安装相同的应用软件，而且数据处理过程主要集中在客户端解决，服务器端仅负责从数据库中存/取数据。

（4）系统维护不同。以 C/S 为构架的系统软件需要安装在所有的客户端中，当软件需要系统更新或升级时，客户端必须重新安装。不过，随着科学技术的快速发展，C/S 结构已有解决客户端软件快速升级和维护问题的有效方法，这一问题不再成为影响 C/S 结构使用的障碍。与 C/S 结构相比，B/S 结构只需更新服务器端的软件，即开发和维护等工作都集中在系统服务器端。

（5）安全要求不同。C/S 结构采用的是点对点的配对模式，一般面向相对固定的用户群体，程序本身又注重业务流程的运作情况，它可以对权限进行多层次的校验，提供更安全可靠的存取模式和控制能力。所以，一般企业级的信息管理系统较为倾向于 C/S 结构的应用软件。B/S 采用的是点对多点、多点对多点的开放式结构模型，并采用基于互联网网络上的传输控制协议/互联网络协议，安全性只能依靠服务器端数据库中的登录密码来得到保障。由此可见，C/S 模式在数据的安全性方面要比 B/S 模式略胜一筹。

（6）处理速度不同。由于 C/S 在逻辑结构上比 B/S 少一层，所以，对于等量的工作任务来说，C/S 的完成速度总是比 B/S 稍快些，使 C/S 更倾向于处理大量的数据信息。

（7）交互性与信息流不同。交互性强是 C/S 结构的一大优点，C/S 结构的客户可以在各子程序间实现自由切换。B/S 虽由 JavaScript、VBScript 提供了一定的交互能力，但与 C/S 相比，能力比较有限。C/S 的信息流单一，而 B/S 的信息流多变。

通过两种结构的对比分析可知，C/S 与 B/S 这两种模式各有利弊。从技术成熟度、软件设计、开发人员的角度来看，C/S 技术更为成熟可靠。现在 B/S 结构受到某些软件公司的盲目追捧，一味地强调 C/S 结构的缺点，片面地夸大 B/S 结构的长处，造成客户在系统选型时的随波逐流，从而忽略了更为重要的系统业务处理能力、安全性，以及系统的运作速度和使用效率等重要因素。事实上，采用 100%的 B/S 模式会造成系统响应速度慢、服务器开销大、通信带宽要求高、安全性差、总投资增加等一系列问题。因此，在开发工程项目信息管理系统时，应结合工程项目的实际情况及其特点，通过对 C/S 与 B/S 的分析与对比，选出最为合适的信息管理系统结构。

6.4 系统研发原则

工程项目集成管理系统是一个需要多种功能相互支持才能发挥作用的广域性系统，在系统的运行和使用中，任何部分功能的缺陷都可能使整个系统失效。因此，在设计和开发工程项目集成管理系统时，需要考虑集成管理系统所涉及的各个方面，并在系统的设计中遵循一定的原则，以确保设计和开发的系统满足工程项目集成管理的实际需求。一般来讲，系统设计与开发中遵循的主要原则如下。

1. 一致性原则

在设计和开发工程项目集成管理系统前，必须明确信息管理系统开发的目的，并以此为基础来确定工程项目集成管理系统的所需功能，以确保系统所具有的功能与工程项目集成管理所需功能具有一致性。

2. 整体性原则

在设计工程项目集成管理系统的过程中，系统内各个相关部分都有相应的输入与输出，并形成系统完整的信息处理流程。因此，设计的系统不仅要考虑系统各模块自身的功能，还要考虑相互之间的关系，使整个系统具有完整性。

3. 标准化原则

为了使开发的系统具有较强的适应性，开发的系统要尽可能地采用标准模块，使用的系统语言、信息规则、传输协议、表达方式等内容要保持一致，避免产生信息处理障碍，为工程信息的高效处理提供技术保障。

4. 面向用户原则

开发的系统是为了满足用户的使用需求，而很多用户并不能准确地表达出自己的要求，因此，这就要求开发人员在系统开发的过程中，应始终面向用户，与用户保持密切联系，让用户及时了解系统设计的状况，及时听取用户的意见，使开发的管理系统具有实用性。

5. 实效性原则

在工程项目集成管理系统的开发过程中，既要积极汲取最新的科学技术与方法，在系统设计中敢于创新，追求卓越，设计出更新、更好、更高效的信息管理系统，同时又要坚持从客观实际出发，避免盲目追求高大上的虚荣心理和攀比心理。要坚持从工程项目实际管理需求出发，综合考虑企业的实际情况和人员素质，在有效满足工程项目集成管理需求的前提下，使设计的工程项目集成管理系统简洁、实用、有效，易于工程项目管理者快速有效地开展工程项目的集成化管理工作。

6.5　系统研发技术

在工程项目集成管理系统的研发中，需要多种技术的支持，如计算机技术、网络通信技术、信息处理技术、工程项目管理技术、数据挖掘技术、数据处理技术、语言分析技术、信息预警技术、状态判定技术等。但在系统的研发方面，最为重要的技术主要是系统编程语言、数据库技术和计算机网络通信技术，没有这三种技术的支持，工程项目的集成管理系统就无法开发和实现。

1. 系统编程语言

了解和选用适合的编程语言是开发集成管理系统的首要工作。目前，开发集成管理系统的语言已有很多种，如 VB、VF、C、C++、Java、C#等，这些语言各具特色。例如，VB 是通用的编程语言之一，具有高编程效率和强开发功能等特点。它起源于 Basic 编程语言，至今包含数百条语句、函数和关键词，拥有图形用户界面和快速应用程序开发系统，是一种可视化的程序设计语言。同时，VB 还具有强大的数据库功能，可方便地与 SQL Server、Access 和 Oracle 等数据库相连。与其他语言相比，VB 功能强大、简单易学，还引入了控件理念，可以使大量已经编译好的 VB 程序直接被引用。

C 语言是一门通用计算机编程语言，它的目标是提供一种能以简易方式编译和处理低级存储器，产生少量的机器码及不需要任何运行环境支持便能运行的编程语言。与其他初级语言相比，C 语言一共只有 32 个关键字，9 种控制语句，因此，具有简洁紧凑、灵活方便的特点。同时，C 语言数据类型丰富，表达方式灵活，允许直接访问物理地址，能够像汇编语言一样对位、字节和地址进行操作，生成的目标代码质量高，程序执行效率高，生成的语言可读性好，易于调试、修改和移植，因此，语言受到了很多编程者的喜爱。

C++语言源于 C 语言，是 C 语言的扩展和超集。作为一种面向过程的编程语言，C 语言无法满足运用面向对象方法开发软件的需要。因此，为了满足管理程序的复杂性需求，美国的 Bjarne Stroustrup 对 C 语言进行了改进和扩充，使之成为目前所流行的 C++程序设计语言。该语言不仅保留了 C 语言的简洁性和高效性，而且增加了面向对象机制，并与 C 语言完全兼容。作为一种大型语言，C++支持自定义类与对象、数据封装和数据隐藏、继承和重用，但是从语言的角度来看，C++语言并不是一个完全的面向对象过程，它被认为是 C 语言向 Java 语言过渡的一个语言。

Java 是 SUN 公司开发的一种简单的、安全的、动态的、跨平台的、分布式的、面向对象的程序语言，它可以在不同机器、不同操作系统及不同网络环境中进行开发，具有类似 Basic 解释型语言和 C 编译型语言的某些特性。Java 编程语言的编写风格与 C 语言、C++语言十分接近，是一个纯粹的面向对象语言，它集成了 C++语言面向对象的技术核心，舍弃了 C++中易出错的指针、运算符重载、多重继承等特性；增加了垃圾回收器功能，使程序员不用再为内存管理而烦恼；实现了真数组，避免了覆盖数据的可能。总之，这些功能的特性大大地缩短了 Java 应用程序的开发周期，同时也提高了系统运行的稳定性。

C#是一种简单的、现代的、面向对象的和类型安全的全新程序语言，由 C 语言和 C++语言演绎而来，专门为使用 .NET 平台而创建的。C#的目标在于把 Visual Basic 的高生产力和 C++的自身能力结合起来，充分挖掘 .NET Framework 提供的编译潜力。它可以生成在 .NET Framework 上运行的多种应用程序，包括本地程序和 XML Web 程序等，但也只能在 .NET Framework 上运行。此外，C#还提供了庞大的 Windows 应用程序接口，进而实现了应用程序的快速实施过程。作为一种面向对象语言，C#具有支持面向对象的三大基本特征，即封装、继承和多态。C#由类构成，所有的变量和方法都可封装在类中。尽管类只能直接从一个父类继承，但可以实现任意数量的接口连接。与其他语言相比，C#具有简洁、安全等特点。它语法简单、功能强大，与 C++和 Java 非常相似，同时也继承了 C 语言的优美语法形式。然而，C#的语言优势不仅局限于此，表 6-1 给出了较为详细的说明。

表 6-1　C#与其他编程语言的比较

语　言	语言功能与优势
C++	C++可直接译为本地执行代码；C#默认编译为中间语言代码，编译时再通过 Just-In-Time 将需要的模块临时编译成本地代码
	C++需要随时删除动态分配给堆的内存；而 C#则采用垃圾回收机制自动在合适的时机回收不再使用的内存
	C++中需要使用大量的指针；C#使用对类实例的引用，一般不需要使用指针
	C++依赖于以继承和模板为基础的标准库；C#则依赖于 . NET 基库
	C++允许类的多继承；C#只允许类的单继承，再通过接口实现多继承
Java	Java 和 C#语法类似，但在一些关键字上有区别；二者在使用上几乎是相通的
	Java 有虚拟机可以跨平台编译；C#必须在 . NET Framework 环境下运行
	C#面向对象的程度比 Java 高，且基本类型都是面向对象的
	C#具有比 Java 更强大的编译功能，其执行速度比 Java 快
VB	同 C++类似，VB 编译为内部机器代码；而 C#为中间语言代码，优点是它允许与其他语言编写的代码交互，允许 C#使用 . NET 基类提供的丰富功能
	与 VB 相比，C#在语法方面更为简洁，允许变量同时声明和初始化

2. 数据库技术

顾名思义，数据库是存放数据的仓库，是按照一定的组织方式，将系统的各种数据有规律地存放在系统空间，实现对数据进行有效管理的一种方式。为了实现对数据的有效管理，已开发出多种类型的数据库，常用的有 Oracle、Sybase、SQL Server、MySQL 和 Access 等类型的数据库。在众多的数据库类型中，微软公司研发的 SQL Server 最受欢迎。到目前为止，SQL Server 已有四个版本，其中，SQL Server 2015 是一个相对最为全面的数据库平台，它使用集成化的智能工具，提供了企业级的数据管理。与其他三个版本相比，SQL Server 2015 在存储性能和运行效率方面表现得尤为凸显。此外，它引进了上百种新功能和改进功能，拥有了强大的数据管理和分析能力，并具有可伸缩性、可用性和高安全性等特点；同时，为数据库引擎关系型数据和结构化数据提供了更安全可靠的存储功能，使用户便于构建和管理用于业务的高可用和高性能数据应用程序。在数据库的开发方面，SQL Server 2015 针对行业应用和一般事务处理两类应用程序提供了一种更安全、可靠和高效的数据平台，该平台具有很强的业务处理能力和稳定的运行操作环境，可以帮助开发人员大幅度地提高生产效率，缩短开发时间，成为数据库设计和开发的主要技术工具。

3. 计算机网络通信技术

工程项目是一个多点组成的分布式工程系统，工程项目之间的信息传输多是利用通信设备和线路将地理位置不同、功能独立的多个计算机相互连接起来实现信息共享的。因此，在工程项目的集成管理系统中，计算机网络通信系统就是指由不同空间的多个计算机系统通过通信设备和线路连接起来，并以网络协议、网络操作系统等网络软件实现网络资源共享的技术系统，是整个集成管理系统结构的主体和系统运行的基础。

目前，计算机网络主要分为局域网、城域网、广域网和互联网四大类型。其中，局域网是在数千米范围内，将各种计算机和外围设备连接而成的网络，被广泛用于办公自动化和计算机辅助企业管理等方面。这种网络一般由特定类型的传输媒体（如电缆、光缆和无线媒体）和网络适配器（亦称为网卡）互连在一起，由于范围较小，因此具有很高的传输效率。城域网是一种可以覆盖若干城市的互联网络，物理距离一般在 50 km 之内。广域网是一种跨地区的数据通信网，通常包含多个地区或若干个国家，通常由两个或多个局域网组成，信息之间的传输主要通过电信运营商提供的专用设备，也可通过专线或卫星连接，因此，与局域网和城域网相比，广域网对通信的要求较高，网络复杂性也较高。互联网是将许多国家的广域网结合在一起形成的遍布全球的网络，是国际最大的互联网，可实现全球范围的信息资源共享。互联网分为三个层次，即底层网、中间层网和主干网。底层网为大学校园网或企业网，中间层网为地区网络和商用网络，最高层为主干网，一般由国家或大型公司投资组建并负责管理。互联网上的信息传输是在超文本传输协议（hypertext transfer protocol，HTTP）支持下运行的，超文本中不仅含有文本信息，还包括图形、声音、图像、视频等多媒体信息。利用超文本，用户能轻松地从一个网页链接到其他相关内容的网页上，及时有效地获取所需要的信息资源。

6.6 系统研发方式

集成管理系统的开发有多种方式，如自行开发、委托开发、合作开发、咨询开发和外购软件等。自行开发是完全依靠企业自己的力量进行开发。委托开发是企业将开发项目完全委托给一个开发单位，被委托单位完成系统开发任务后再交付企业使用。合作开发是企业与外部开发单位合作，双方共同开发软件的一种方式。咨询开发是以企业自己的力量为主，在开发中遇到困难和问题后，向有关专家请教和咨询，然后企业自己开发的一种方式。外购软件则是购买开发商已开发出的成熟软件。在工程项目中，由于不同的工程项目有其自身的特殊性，现有的软件或管理系统并不一定能够满足所有工程项目的管理需求，因此，在工程项目集成管理系统的开发方面，建设单位就多采用自行开发、产品购买、合作开发或对已购产品进行二次开发等方式。

1. 自行开发

当工程项目具有明显的特殊性，需要开发满足该工程的专用软件或集成管理系统时，一般多采用自行开发方式。这种开发方式对企业的开发人员有较高的要求，不仅要求企业的开发人员必须熟悉工程项目的建设流程与施工工艺，对该工程的特殊性已有全面的了解和把握，而且还要求开发人员掌握集成管理系统开发的专业知识。一旦满足这些要求，开发出的系统就能较好地满足用户的使用需求。同时，在系统的开发中，开发人员易于与工程有关人员开展专业技术交流，便于对软件存在的不足及时进行改进。在软件的后期使用中，也容易指导使用者正确使用，出现问题易于维护。但开发出的软件水平和规范程度相对较低，开发周期相对较长。

2. 产品购买

近年来，随着软件产业的快速发展，很多专业公司已开发出能够满足常规性工程项目管理要求的工程软件，如工程辅助设计软件、工程项目预决算软件、工程项目进度绘制软件、合同管理软件、工程档案管理软件等多种软件。如果专业公司已开发出的这些软件能够满足工程项目的集成管理要求，那么，这种开发方式既节省时间，又快速高效，是系统开发中一种非常好的开发方式。

3. 合作开发

合作开发是工程建设单位邀请专业软件的开发公司一起开发的系统开发方式。在开发中，建设单位负责开发过程的专业技术指导，并给出详细的工程建设工艺流程和施工方式及管理要求，开发公司负责软件功能的开发与集成。这种开发方式既有利于建设单位的业务人员熟悉和维护系统，也便于借助专业开发公司的专业知识与经验来提高系统的水平，因而这种方式是系统开发方式中最常使用的开发方式。

4. 对已购产品进行二次开发

如果购买的软件有部分功能不能满足工程项目的集成管理需求，且工程建设单位又有系统开发的专业人员，那么就可以已购买的软件为基础，根据工程项目的实际情况进行系统软件的二次开发。对已购产品进行二次开发的一般方式是以已购买的软件为主件，再开发若干子系统作为辅件。然后，对所有软件进行封装，开发出新的软件，以满足工程项目集成管理的实际使用需求。与全部自行开发相比，这种开发方式成本较低，周期较短，又能保证软件的质量，因此，在工程软件的开发中使用得较多。

6.7 集成系统设计

集成管理的系统设计是工程项目集成管理系统研发中最为主要的工作，其目标是基于系统需求分析结果，进一步实现系统分析提出的思想与模型，详细确定拟开发系统的具体形式与可视化结果，为系统开发提供详细的依据。其主要工作包含系统总体设计、功能模块设计、数据库设计和输入输出设计四大部分。

1. 系统总体设计

系统总体设计是根据系统需求分析的结果对拟开发系统的总体结构形式和功能结构组成进行的宏观设计。它从系统的总体出发，就系统信息的处理方式及其操作平台、系统的网络结构及软硬件配置、所需包含的功能及输入输出方式等内容进行全面系统的规划，为实现系统资源的最优配置而提出最为科学合理的实施计划与方案。

2. 功能模块设计

系统功能模块设计是在完成系统总体设计的基础上，根据集成管理系统功能需求分析所得到的系统功能结构框架与模型，构建起系统各功能行为模式的过程。在设计过程中，它借助标准化的图表工具，以系统功能结构框架为基础，导出系统的功能模块图。该功能模块图结合模块的作用和功能，给出该模块内含的管理对象及其属性、管理流程及其操作方式、信息的输入输出具体方式。通过功能模块，系统开发者利用开发工具，即可开发出相应功能模块的系统界面，编写出具体的应用程序，实现每个模块所具有的功能。

3. 数据库设计

数据库的系统设计包括两部分：一是结构设计，即设计各级数据库模式，决定数据库系统的信息内容；二是行为设计，即决定数据库系统的功能。

在结构设计方面，数据库的基本结构分三个层次：一是以内模式为框架所组成的物理数据库，是物理存储设备上实际存储数据的集合；二是以概念模式为框架所组成的概念数据库，它是数据库的中间一层，是数据库的整体逻辑表示，它指出了每个数据的逻辑定义及数据间的逻辑联系，是存储记录的集合；三是以外模式为框架所组成的用户数据库，它是用户所看到和使用的数据库，表示了一个或一些特定用户使用的数据集合，即逻辑记录集合。这三个层次之间的数据转换通过映射来实现。

在这三个层次中，概念数据库的设计在信息系统开发中占有重要的地位，它是将现实世界的信息向计算机世界转换的关键过程。这个过程主要包含三个步骤，即概念结构设计、逻辑结构设计和物理结构设计。概念结构设计是根据用户需求设计的数据库模型，也称概念模型，一般用实体联系模型（E-R 模型）来表示；逻辑结构设计是将概念模型转换成某种数据库管理系统支持的数据模型；物理结构设计是为数据模型在设备上选定合适的存储结构和存取方法。

在信息转换初始，现实世界的实物还无法被计算机识别，但任何实物都有其相应的属性（如学生这一实体可由其学号、姓名、年龄、性别、专业、年级等属性来描述）。如果将每个实体都用其属性进行描述，并用相应的符号与之对应，就可以建立起用符号表示实体的映射关系，即实体与符号的关系。如果采用图示的方式将这种关系系统全面地表示出来，就形成了 E-R 模型。在此基础上，对实体的所有属性进行抽象，即可形成一个以实体为主题的记录集合。由于这个集合一般是以人们熟悉的表格形式描述数据记录之间关系的，是以数学中的关系理论为基础而建立的集合，这就使实体信息进一步转换成为数据库管理系统支持的数据模型。据此，即可利用数据库技术开展系统数据库的行为设计。

4. 输入输出设计

系统信息的输入输出是信息利用必不可少的过程，由于不同工程项目的信息采集和信息需求方式不同，系统信息的输入与输出方式就有了较大的差异。在系统信息的输入方面，不同的数据类型可能采用不同的输入方式。例如，对于非直接采集的工程数据，多采用键盘输入方式；对于直接采集的工程数据，多采用光电设备检测输入；对于由其他计算机产生的数据，可采用直接网络传输或磁介质（如磁盘）输入。在工程实际中，具体的输入方式是在全面考虑信息特点、信息数量、信息格式、输入时间等多个因素基础上综合决定的。但无论采用哪种方式，信息输入设计的原则是在保证输入信息的正确性和满足输出需求的前提下，输入方式要尽可能简便、迅速和经济。

在系统信息的输出方面，不同的数据类型可能采用不同的输出方式，如作为中间结果输出的信息多以磁文件的形式输出，对于最终结果的信息多以图表或纸质文件的形式输出。在工程实际中，具体的输出方式多是在综合考虑信息特点、信息数量、信息格式、使用要求、输出设备等多个因素基础上决定的。无论采用哪种方式，信息输出设计的原则是针对不同的信息，以适当的表达形式，输出能够满足用户使用要求和习惯的信息。

6.8　集成管理系统的实现

在完成集成管理系统的设计后，就可进入信息集成管理系统的开发阶段。信息集成管理系统的开发实际上就是系统设计实现的过程，也是系统研发从理论化阶段进入实用性阶段的过程。在这一过程中，主要的工作包含系统开发环境的确定、系统硬件的配置、系统软件的实现、系统代码的编写和系统的整体封装五个方面。

1. 系统开发环境的确定

集成管理系统开发环境是用来支持系统开发的一组协调工具，是支持系统进行分析、设计、实施和维护的一个综合平台。目前，最常使用的系统开发环境就是美国微软公司发布的 Visual Studio 系列产品，该软件支持多种程序语言，为系统程序的开发提供了一个优良、稳定的集成开发环境。其中，该系列的 VS 2010 是微软公司于 2010 年研发出的一种基于 . NET 2. 0 框架的程序开发工具，该版本是一套更为完整的开发工具集，可用于生成 ASP. NET Web 应用程序、XML Web Services 应用程序、桌面应用程序和移动应用程序，采用了统一的系统集成环境，使跨语言应用程序的开发成为可能。在系统开发中，程序员可根据系统开发的实际需求，在同一应用程序中使用不同的编程语言，使执行效果得到显著提升，安全性也大大增强。作为一个完全面向对象的开发平台，VS 2010 的可视化效果可将代码界面与设计界面相分离，这样的开发环境不仅提高了代码的编写效率，还保证了界面布局的美观性。此外，VS 2010 还提供了多种数据库访问形式，如 DataBase、FoxPro 和 Access 等，可以 C/S 方式存取数据库中的数据信息，为系统开发者在系统开发方面提供了极大的便利。因此，VS 2010 在系统开发中得到了广泛的应用。

2. 系统硬件的配置

系统硬件配置是为满足系统软件运行要求而提出的计算机物理配置，从实体形态来看，主要包括系统主机、外围设备、网络设备和接口等设备。在选择和配置系统硬件设备时，主要是根据系统信息处理方案来确定的，考虑的因素主要有系统运行速度要求、网络通信速度要求、系统数据存储容量、设备性能的稳定性和可靠性、设备的兼容性与可维护性及设备的升级换代能力等方面。在构建系统网络时，传输介质和网络节点设备（如集线器、交换机、路由器等）的选择要综合考虑信息传输速度、系统安全程度和线路维护难度等因素，确保系统在硬件方面能够满足集成管理系统安全稳定运行的要求。

3. 系统软件的实现

系统软件的实现是系统开发工作中最为重要的环节，是最终实现系统设计与开发的关键。在这一工作中，系统开发者要利用系统开发平台和程序化的编程语言，将已确定的系统功能模块转变为计算机可执行的软件。按照开发方法，系统软件的实现有两种途径：一种是自顶向下的实现方法；另一种是自底向上的实现方法。采用自顶向下的方法时，要求系统开发人员首先实现软件结构的最高层次，之后再实现下一个层次，直至用程序设计语言实现最低层次。采用自底向上的方法时，则与自顶向下的方法相反，它从系统最底层开始，直至实现最高层次。在系统开发中，这两种方法各有特点，采用自顶向下的开发方法所开发的系统可读性好，条理分明，可靠性也相对较高；采用自底向上的开发方法所开发的系统可以实现系统局部的最优化，但可能存在系统整体结构的缺陷。在系统软件的实现中，无论采用哪种方法，都必须遵守系统整体结构、系统业务流程、系统信息流程和系统运行关系的预定规则，否则就无法实现系统设计的目标，达到预期的效果。

4. 系统代码的编写

系统代码是系统开发对象实物名称的符号，是系统运行的语言与规则，是实现系统设计的重要工具。系统的所有管理对象只有通过代码，才能实现集成管理系统的预设功能。

在集成管理系统的开发中，系统代码编写是一项非常细致复杂的工作，在完成系统开发语言的确定后，它利用选定的计算机语言，基于已确定的信息功能模型，用工程化的方法进行软件开发，并按照开发软件的语言规则，即可编写出相应的系统各模块代码。但为了确保所编代码的有效性，避免出现编码错误，就需要在代码编写的过程中注重代码的编写规则，遵守代码的书写格式，编写的代码应简单直接，在必要的情况下应增加代码注释，提高代码的可读性，确保所编写的代码能够实现集成管理系统的预定功能及相关要求。

5. 系统的整体封装

在完成系统开发后，开发的系统软件可能需要安装到其他多个计算机上运行。在安装中，除必须有开发的系统软件外，还需要其他相关控件的支持及其他辅助软件的支持。此时，为了便于用户安装系统，需要把与系统安装有关的所有软件做成镜像文件并进行整体打包封装，存放到某一介质中。如果系统仅供个别用户使用，还必须将开发的软件安装限定程序一并封装到安装包中，以便实现系统开发知识产权的保护和软件使用权的限定，同时也尽可能地避免外界病毒对系统的侵害。

第7章　集成管理方法在工程中的实际应用

工程项目集成管理是以工程项目为管理对象，利用多种技术手段，为确保工程项目的顺利实施，有效解决工程项目中所出现的有关问题，协调和处理好项目参与各方之间的冲突与矛盾，充分发挥工程项目的有关资源，实现工程项目的最终目标而开展的系统性、系列性、综合性管理工作。尽管目前有很多工程项目集成管理模式和方法，但由于工程项目的动态性和差异性，就不可能将某一种模式直接照搬使用到任何工程项目的集成管理之中，而是需要在了解和掌握工程项目实施状态及其特点的基础上，紧密结合工程项目的实际情况，从实际情况出发并利用相关科学技术与方法，对工程项目的有关综合性问题开展有效的集成管理。为此，为了帮助读者更好地学习和掌握工程项目集成管理的方法，以某大型工程开展创优管理为例，就如何对该工程集成化管理进行阐述，为提高工程项目者的集成管理水平提供指导和帮助。

7.1　工程项目简介

某特高压工程项目是国家电网公司的重点工程，为保质保量地按时完成工程建设项目任务，实现工程项目的建设目标，在工程项目开工前，工程建设单位编制了详细的工程施工方案，制订了具体的施工作业计划。但为了给今后类似工程积累宝贵的工程建设经验，提供工程建设样本，国家电网公司对该工程提出了更高的建设标准，要求不仅要完成预定的原定目标，而且还必须通过创优活动，实现工程创优目标，具体目标包含质量目标、工期目标、安全目标和文明施工及环保目标。

1. 质量目标

质量目标的具体要求是所有分部分项工程的一次验收合格率不仅要达到100%，而且分部工程和单位工程的质量必须全部符合优秀标准，且在工程项目的建设过程中，不得发生任何等级的质量事故。

2. 工期目标

工期目标的具体要求是在工程项目总体必须按期完工的基础上，任何分项工程进度不得超过预定工期 24 小时，人员材料设备等资源的供应须提前 24 小时到位。在不影响工程质量和安全的前提下，尽可能提前 20 天完成工程项目建设任务。

3. 安全目标

安全目标的具体要求是人身重伤和死亡事故为零，重大施工机械设备损坏事故为零，重大火灾和交通事故为零。

4. 文明施工及环保目标

文明施工及环保目标的具体要求是杜绝不文明施工行为，争创文明施工工地。在施工过程中，必须开展绿色施工，保护环境，不得发生任何环境污染事故。

具体的工程建设内容包含有建设 1 000 kV 变电站五座，安装输电线路 512 000 m，架设输电线路塔架 140 万余座，修建道路 11 000 m，防雨防洪沟渠 8 000 m，围墙 3 000 余 m 及其他输变电工程的防火防爆基础设施，工程总投资约 320 亿元，建设工期为 16 个月。

7.2　工程项目集成管理对象

与一般的电力工程相比，由于该工程建成后将担负华北地区五省市的全部供电任务，工程的经济意义和社会意义都非常巨大，因此，上级主管部门不仅对该工程的质量提出了很高的要求，而且对工程进度、工程建设中的环境保护也提出了很高的要求。但由于该工程包含土建工程、设备安装、电线架设、管线埋设、道路铺设等不同种类的工程建设内容，且这些工程将以多项并行作业的方式开展工程项目的建设任务，就可能在工程建设中发生资源需求紧张、人员需求量大、为了尽快完成工程建设任务而抢占工程设备、不考虑环境保护、忽视安全管理，发生安全事故等问题。因此，建设单位牵头组织所有工程施工单位、监理单位、设计单位和材料供应单位及与工程建设有关的其他单位，开展了工程建设模式大讨论，制定了工程项目建设方案，编制了工程项目创优管理方法与措施，明确了工程建设中的重点和难点。特别是针对工程管理中极易受到多要素影响的工程质量、工程进度、工程费用、工程安全和环境保护这五大项目问题，提出了采用集成管理的方法开展工程项目管理的构想，并制定了相应的集成管理措施，并且决定这五项问题即为该工程集成管理的主要对象。

1. 工程质量

由于该工程项目的质量事关今后整个区域用电的稳定性，而工程质量又极易受到工程材料的质量、施工人员的技术水平、工程进度的要求、工程现场的作业环境等众多因素的干扰和影响，因此，工程质量就被工程建设管理单位确定为工程项目集成管理的首要对象。

2. 工程进度

能否按时完成工程建设项目不仅与工程建设单位的建设能力直接相关，还与工程材料能否及时供应到位、工程质量是否能够一次性达标且不存在返工返修、工程资金能否按时拨付、工程现场作业环境是否良好、自然气候和地质条件是否满足施工作业要求等众多因素有关。但是，由于按时完工甚至提前完工是工程项目的重要管控指标，而建设工期又与众多因素紧密相关，因此，工程进度也成为工程项目集成管理的对象。

3. 工程费用

工程项目的总投资已被确定，但如果工程建设资金不能及时到位，不仅会给工程项目的质量、进度和安全管理等工作带来不利影响，而且还有可能给工程建设队伍的稳定性带来更为严重的不利影响。因此，鉴于工程费用与工程质量、进度和安全等管理对象的高度相关性，工程费用也被列入工程项目集成管理的对象。

4. 工程安全

很显然，在工程项目的建设中，为了加快工程进度，早日完成工程建设任务，工程建设单位与管理人员可能会加班加点地推进工程建设进度，但这一行为极有可能给工程项目的质量带来影响，也可能出现只顾进度忽视安全的不良现象，进而发生安全事故。因此，工程安全也就成为工程项目集成管理的又一对象。

5. 环境保护

工程建设的最终目的是提高人民的生活水平，而在工程项目的建设过程中，如果给自然环境、居民环境、生态环境等造成破坏，就会适得其反。同时，由于恢复工程建设中开挖和占用的土地植被也需要时间和资金，极有可能影响到工程项目的进度与费用，因此，环境保护也被列入了工程项目集成管理的行列。

7.3 集成管理前的准备工作

在工厂开工建设前，为了做好工程项目的集成管理工作，工程建设单位与工程施工单位、设计单位、监理单位和材料供应单位，一同编写了工程建设大纲、工程建设施工方案、优质工程管理办法、工程质量监督规定、工程安全文明施工标准化工作规定、安全生产工作规定、施工质量验收及评定规程、工程档案资料管理规定、工程项目管理制度等 32 项相关管理制度与办法。在此基础上，建立了工程项目的管理组织，开展了员工培训工作，进行了工程技术交底，完成了工程现场的三通一平准备工作，并明确工程项目的集成化管理工作直接由工程项目管理办公室的专人负责，以确保工程项目集成管理在开展项目决策时在人力、物力和财力等方面得到有效的保障，为实现工程项目的集成化管理创造有利的条件。该工程项目的管理组织如图 7-1 所示。

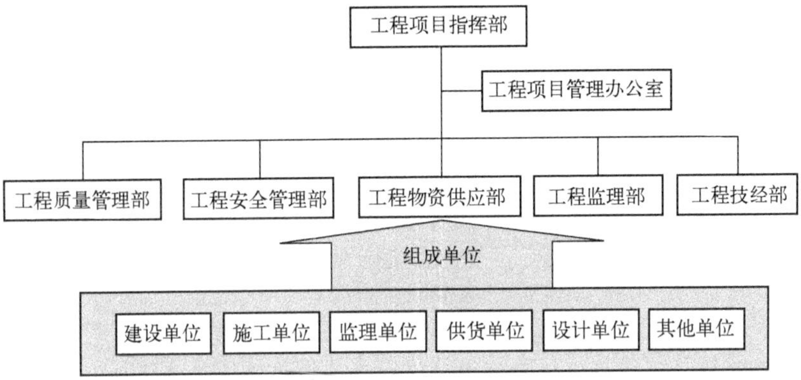

图 7-1 工程项目的管理组织

除完成上述准备工作外，工程建设单位还查阅了国家电网公司已完工程项目在工程创优和集成管理方面所做的工作，以便积极汲取其中的优点，避免出现重复性的错误，提高工程项目的创优管理水平和集成化管理水平。在此基础上，新增编制了与该工程特点相结合的有关标准和手册。这些标准和手册主要有：《优质工程创建的关键指标及其标准》《工程标准化建设的管理规定》《工程质量创优工作指导意见书》《工程施工工艺示范手册》《工程质量责任考核办法》《工程安全文明施工标准》《工程项目集成化管理手册》《工程各方通信联系手册》《工程常见安全问题一览表》《施工现场文明施工注意事项》《工程费用考核办法》《工程作业环境保护措施》。

7.4 集成管理标准及重要控制点

在开展集成管理工作前，该工程项目管理办公室结合工程建设的有关要求和国家工程建设规范，详细确定了工程质量、进度、安全、现场文明施工和环境保护等方面的集成化管理标准。特别是对工程质量、工程进度、工程费用、工程安全和环境保护这五大集成管理对象，就如何进行有效的集成管理进行了分析，详细确定了工程质量、进度、费用、安全和环境保护五大对象开展集成管理过程中的监管重点及其相关要素，为提高工程项目集成化管理水平打下了良好的基础。以工程安全为例，安全管理要点及其集成管理相关要素如表 7-1 所示。

表 7-1 安全管理要点及其集成管理相关要素

集成管理阶段	管理要点	相关要素
准备阶段	施工电源随意接线，未进行系统布置	工作责任制、安全监理
	办公室、活动板房供电线路存在漏电可能	工作责任制、安全监理
	重要电气设备没有设置监护人和警告牌	工作责任制、安全监理
土建施工阶段	基础开挖坍塌	开挖护坡方案、安全监理
	钢筋冷拉作业机械伤人	设备监视器
	支模作业与拆模作业模板扎伤	安全监理
	砌筑作业高处坠落	安全监理
	材料高空坠落伤人	安全监理
	电焊机无接地保护	安全监理
	现场接线开关没有防护罩	防护设备、工程费用
	砂轮机无防护罩	防护设备、工程费用
设备安装阶段	电动工具无漏电保护器	防护设备、工程费用
	砂轮锯及使用不当	设备监视器
	氧气瓶及乙炔瓶摆放不稳	安全监理
	吊装支架不稳	技术指导、安全监理
	带电作业违规操作	工作责任制、安全监理
	高空作业无安全带、安全帽	防护设备、工程费用
	电工焊工不穿绝缘防护用品	防护设备、工程费用
	施工环境不安全	安全监理、预防设备
	管理人员指挥不当	工作责任制

7.5　集成管理模式的构建

目前，在集成管理模式方面，主要有理念集成、组织集成、过程集成和方法集成这四大类。在该工程中，项目管理人员结合工程项目的实际情况，首先在思想上对集成管理给予了高度的重视，积极汲取了相关工程在集成管理方面的宝贵经验。然后，采用 WBS 分解技术，将集成管理的主要对象及其相关要素分解到工程项目的相关过程之中，并通过具体的工程管理规则、制度、方法和工具等手段，综合性解决集成管理中存在的问题。特别是在集成化管理的信息处理与分析方面，基于方法集成的模式，采用先进的工程信息采集设备，将数据处理技术、数据库技术、计算机技术、通信技术、软件分析等技术结合起来，建立起一套全新的集成管理系统，对快速处理集成管理中的有关问题发挥了显著的作用。

此外，为了实现对工程项目的有效管理，该工程项目的建设单位还与有关单位开发了工程项目信息管理系统和工程项目集成管理系统，在施工现场设置了工程项目实施状态信息采集点，明确了信息采集的方式、频率、时间和数据的存储模式等内容。特别是结合特高压工程项目点多面广、战线长的特点，采用无人机的方式开展了特殊远距离点的信息采集。这一方式为更加全面有效地开展工程项目的集成化管理，及时调配工程项目的有关资源，保障工程项目顺利实施提供了有力的工具。利用无人机采集施工现场有关信息的方式如图 7-2 所示。

图 7-2　无人机采集施工现场有关信息

7.6 集成管理系统的开发

在开展工程项目集成管理工作之前，该工程项目的建设单位结合集成管理需求，邀请专业的软件开发公司，采用合作开发的模式开发了工程项目集成管理系统。在开发中，建设单位就集成系统的功能要求、管理需求、数据的采集方式、管理系统使用者的类型与数量、系统各级使用者的权限、工程项目的建设内容、集成管理的主要对象、工程项目的建立流程、工艺流程和施工方式等内容给软件开发单位进行了详细的介绍，并与工程建设单位的专业技术人员相互配合，开发了该工程项目专用的工程项目集成管理系统。该系统的主界面和功能界面如图 7-3、图 7-4 所示。

图 7-3　系统主界面

图 7-4　系统功能界面

从该系统的功能界面可以得知，该集成管理系统不仅包含了工程项目的宏观信息，而且包含了所有的集成管理对象模块，并附加了集成管理信息的分析模块和系统使用人员的管理模块。更有价值的是，该系统创造性地设立了集成管理分析结果的阅览模块和项目发展趋势与有关问题预警模块。这些模块的设置，不仅有利于提高工程项目参与各方的知识共享能力，而且对及时、快速、有效解决集成管理出现的有关问题发挥了巨大的作用。

7.7　集成管理效果与经验

在该工程采用集成化管理模式后，工程实践结果证明，通过积极推进管理创新，加强过程控制，该工程不仅实现了工程项目的质量、进度、安全、文明施工与环保目标，而且提前 22 天完成工程项目的建设任务，节约工程资金 320 万元，该工程所包含的 10 个单位工程、61 个分部工程、233 个分项工程也全部达到了优质工程标准，并通过了国家工程主管部门的专业验收，实现了工程创优的最终目标。

通过基于集成管理系统的集成化管理，该工程质量、工程进度、工程费用、工程安全和环境保护这五大集成管理对象出现的冲突率仅为 13%，与其他同类工程的 56%均值相比，有了显著的下降。特别是在工程项目资源的调配方面，工程项目集成管理系统也能结合工程项目所采集的实时信息，给出相应的分析结果。这样，工程项目管理者就能基于分析结果，对工程项目的所需资源进行科学合理的配置，实现资源利用效益最大化，进而为节约工程建造成本打下了坚实的基础。同时，通过工程实践。获得了以下几方面的经验。

（1）实现集成管理的途径和方式是多样的，企业应从自身的实际情况出发来构筑各自的集成模式。对管理模式而言，不存在游离于自身之外的正确与否、过时与否，合适自身的集成管理模式就是最好的模式。

（2）集成管理的效果好坏与工程项目信息能否得到及时有效的反馈有着直接的关系，因此，应建立信息快速反馈机制，而建立信息快速反馈机制的根本出路在于建立工程项目信息管理系统。在此方面，要充分利用计算机网络传输信息的现代技术，实现工程信息的快速传播与利用，实现施工管理和信息管理的一体化，这对提高工程项目的集成化管理水平有着至关重要的作用。

（3）集成管理平台的建立只是为集成管理提供了有利的条件，但要发挥其作用，集成管理的管理体制和运行机制也必须得以保障。在集成管理中，工程项目参与各方必须按照组织结构所设定的各自责任和工作秩序，建立相应的信息分析和信息处理流程，要充分发挥专业人员处理专业问题的作用，要使信息分析的实时化功能为集成管理提供有效的依据。

（4）在大型工程项目的集成管理中，管理要素比一般工程项目的集成管理要素广泛得多，不仅包含人、财、物等传统要素，而且更包含技术、信息、人才等资源要素。因此，现代工程项目的集成管理在很大程度上改变了施工企业原有的管理模式和方法。因此，在实施工程项目的集成管理前，必须要在思想和认识上进行转变，给工程项目所有参与者灌输集成管理的思想与理念。

（5）集成管理是一种全新的管理思想与方法，若要使集成管理在工程项目中发挥更大的作用，除完成集成管理必须约定的逻辑组成外，还必须做好其他相关配套工作。

附录 A　中国项目管理知识体系框架目录

第 1 章　项目管理学科体系框架
1.1　项目管理学科的形成与发展
1.2　项目管理学科的基本结构
1.3　中国项目管理知识体系框架
第 2 章　项目管理基础
2.1　项目
2.2　项目管理
第 3 章　项目概念阶段相关知识
3.1　一般机会研究
3.2　项目机会研究
3.3　方案策划
3.4　初步可行性研究
3.5　详细可行性研究
3.6　项目评估与决策
第 4 章　项目开发阶段相关知识
4.1　启动
4.2　范围规划
4.3　范围定义
4.4　活动定义
4.5　质量计划
4.6　组织规划
4.7　采购规划
4.8　活动排序
4.9　活动持续时间估计
4.10　进度安排
4.11　资源计划
4.12　费用估计

4.13 费用预算
4.14 项目计划集成
第5章 项目实施阶段相关知识
5.1 采购招标
5.2 合同管理
5.3 合同收尾
5.4 质量保证
5.5 质量控制
5.6 质量验收
5.7 生产要素管理
5.8 进展报告
5.9 范围控制
5.10 进度控制
5.11 费用控制
5.12 综合变更控制
5.13 范围确认
第6章 项目结束阶段相关知识
6.1 项目资料验收
6.2 项目交接或清算
6.3 费用决算
6.4 项目审计
6.5 项目后评价
第7章 项目管理领域相关知识
7.1 项目范围管理
7.2 项目时间管理
7.3 项目费用管理
7.4 项目质量管理
7.5 项目人力资源管理
7.6 项目信息管理
7.7 项目风险管理
7.8 项目采购管理
7.9 项目综合管理
第8章 项目管理常用方法与工具
8.1 工作分解结构

参 考 文 献

[1] 侯学良，侯意如．工程项目管理理论［M］．北京：科学出版社，2017.

[2] 侯学良，王毅．工程项目管理理论与应用［M］．北京：科学出版社，2017.

[3] 侯学良．工程项目管理理论与创新［M］．北京：科学出版社，2017.

[4] 王一赫．建筑施工企业集成管理的研究［J］．管理现代化．2020，23（2）：24-26.

[5] 陈强．大型工程建设项目集成管理［J］．河海大学学报，2018，10（3）：202-205.

[6] 刘洁．工程项目集成管理的有效模式［J］．基建优化．2021，27（1）：14-162.

[7] 章文均．项目环境下的集成管理研究［J］．项目管理．2019，17（5）：29-32.

[8] 李柏．创优项目的文化激励作用［J］．电力建设，2020，23（1）：22-25.

[9] 邢新建．工程创优对策研究［D］．西安：西安科技大学，2007.

[10] 吴中波．建设项目集成管理原理［J］．建材工程．2016，101（4）：92-94.

[11] MAHMOUD M. R. Component-based framework for implementing integrated architectural［J］. Computing in civil engineering，2017，101（6）：441-452.

[12] LIU B. Research of integrated management model for nuclear installation decommissioning project［J］. Nuclear power engineering，2020，216（5）：506-509.

[13] 戚安邦．多要素项目集成管理方法研究［J］．南开管理评论．2002，78（6）：70-71.

[14] 张红波．建筑企业多项目集成管理模式［J］．工程施工技术．2018，56（6）：446-448.

[15] 许荣．大型 R&D 项目模块化集成管理研究［J］．科技进步，2019，69（11）6：1-3.

[16] 孙春．工程建设项目信息集成管理研究［J］．工程建设．2021，33（3）：57-60.

[17] LU W X. Study on engineering projects contemporary integrated management systems［D］. 2003 International Conference on Construction & Real Estate Management，2019，74-78.

[18] 黄慧．建设工程项目的集成管理研究［J］．建设监理．2020，54（4）：30-32.

[19] 李仲．大型复杂工程管理的方法论［J］．科技进步．2020，25（10）：193-198.

[20] 戴汝为．智能系统的综合集成［M］．杭州：浙江科学技术出版社，1995.

[21] 刘强．集成论初探［J］．中国软科学．2017，32（10）：103-106.

[22] 张章山．集成管理［J］．企业管理，2017，125（9）：13-15.

[23] 李明．建筑施工企业工程创优管理［J］．工程管理学报，2021，32（1）：16-23.

[24] 帅洁．浅论群体工程创优管理措施［J］．四川建筑．2019，29（1）：235-236.

[25] 袁鹏武．建设项目目标集成管理模式研究［J］．施工技术．2018，37（2）：9-12.

[26] 王明．大型施工项目的集成管理［J］．建筑工程．2019，54（4）：97-98.